Suppen und Eintöpfe Low Carb

systemed

Inhalt

Vorwort

ALL YOU NEED IS SOUP!

I LOVE SOUP!

Hätten die Beatles ihren Songtext so veröffentlicht, das Lied wäre sicher genauso erfolgreich geworden, denn gleich nach der Liebe kommt in der Prioritätenliste des Lebens doch die Suppe.

Aus gutem Grund, denn kennen wir nicht alle mindestens eine Lieblingssuppe, die uns an die Kindheit erinnert und bei deren Verzehr es uns wohlig warm im Bauch wird und die Seele sich glücklich gestreichelt fühlt. Glück ist löffelbar, davon bin ich fest überzeugt.

Dabei sind Suppen kulinarisch so wandelbar. Mit Fleisch oder ohne Fleisch, warm und kalt, klassisch oder exotisch, kalorienreich oder fettverbrennend leicht, kommen Suppen höchst unterschiedlich in die Schale. Etwas haben alle Suppenrezepte jedoch gemein: Sie sind lecker, und sie sind praktisch. Wohlfühlsuppen lassen sich meist gut vorbereiten, gerne auch in größeren Portionen. Nachträgliches Aufwärmen macht Suppen nämlich in der Regel nur noch besser, also dann tun Sie das doch auch. Und wohl denjenigen, die eine gute Auswahl an Suppen oder Brühen im Tiefkühler auf Vorrat eingefroren haben und so auf jede Lebenslage mit der richtigen Suppe antworten können.

So habe ich in meinem neuen Buch die schönsten Suppenrezepte von meinem Happy-Carb-Blog und eine Vielzahl ganz neuer Kreationen zusammengestellt. Wie immer in meinen Büchern, treffen eine gesunde, moderat gestaltete Low-Carb-Ernährung und echte Schlemmerküche auf dem Teller zusammen. Mein Motto, Gemüse, Gemüse, Gemüse, lässt sich am Suppentopf perfekt ausleben, und so werden am Ende nicht nur Bauch und Seele, sondern wird auch der Körper mit allem gut versorgt, was er dringend braucht.

Starten Sie mit meinen Lieblingssuppen, von denen einige auch echte Partyknaller sind. Werden oder bleiben Sie schlank mit meinen Suppenrezepten und reisen Sie löffelnd rund um die Welt. Suppen stehen nämlich überall hoch im Kurs, manchmal sogar schon zum Frühstück.

Und lassen Sie bitte keinesfalls meine herzhaften Eintöpfe aus, in denen ich gesunde Hülsenfrüchte in all ihrer Pracht gaumenschmausig präsentiere. Das Buch schließt mit einem bunten Potpourri an Gerichten, die alle ganz easy in einem Topf gekocht werden können und bei denen Sie hinterher ganz zufrieden seufzen werden: »War das gut!«

Nun seufzen Sie mit mir mit und freuen Sie sich auf 55 großartige Suppen und Topfgerichte für jede Jahreszeit und für jeden Geschmack, dabei immer kunterbunt und gesund Low Carb.

Viel Freude beim Löffeln von Glückseligkeit in Suppenform!

Ihre

Bettina Meiselbach

Wenn die Low-Carb-Suppenliebe erwacht

WENN DIE LOW-CARB-SUPPENLIEBE ERWACHT

Suppen und Eintöpfe waren schon immer mein Ding. Ob es der Linseneintopf war, den meine Mutter gerne zubereitete, oder eine Gemüsesuppe mit Rindfleisch und Butterschwämmchen. Alles Klassiker, die mich kulinarisch zurück in meine Kindheit beamen und mir dabei ein Lächeln auf das Gesicht zaubern.

Nun begab es sich aber im Jahr 2013, dass es notwendig wurde, mein Ernährungsverhalten kritisch zu hinterfragen und dieses langfristig zu ändern.

Was war geschehen? Mit Mitte 40 in einem gesundheitlich desolaten Zustand, extrem übergewichtig, mit frisch diagnostizierter Diabetes-Erkrankung saß ich da und blickte besorgt in die Zukunft. Mir ging es da wie ganz vielen Menschen, dass, von verschiedenen Diätversuchen unterbrochen, sich die Gewichtsschraube immer weiter nach oben drehte. Kurz runter, als würde mein Gewicht Anlauf nehmen, nur um hinterher noch höher zu steigen.

Wer kennt ihn nicht, den fiesen Jo-Jo?

So landete ich im Jahr 2013 auf meinem Gewichtsolymp von 132 Kilogramm. Bewegung war damals so überhaupt nicht mein Ding, macht aber auch, ehrlich gesagt, mit dem Gewicht wenig Freude und tat eher weh. Viel beruflicher Stress, der häufige Verzehr von üppiger, kalorienreicher Kost, am liebsten in der Kombination von Kohlenhydraten und Fett, haben meine Fettpolster bis zum Anschlag gefüllt. Bis, ja, bis meine Gesundheit unter diesen Zumutungen in die Knie ging und der Alarm laut schrillte.

Nach einem Burn-out landete ich zur Erholung und zum Abspecken in einer Rehaklinik, wo dann zu allem Überfluss auch noch Typ-2-Diabetes festgestellt wurde. Schmerzhaft schlug ich auf dem Boden der Tatsachen auf, und mir wurde klar, dass sich meine Probleme nicht mit einer zweiwöchigen Reduktionsdiät lösen ließen, denn es ging um viel mehr, nämlich um mein Leben.

Zu viel und viel Falsches, so geht das nicht mehr

Ich verstand schnell, dass ich mit meiner Diabetes-Erkrankung nicht mehr so gut Kohlenhydrate verstoffwechseln konnte. Also musste ich für mich entscheiden, ob ich weiterhin Kohlenhydrate esse und dauerhaft blutzuckersenkende Medikamente nehmen will, oder ob ich den Versuch starte, die Kohlenhydrate auf dem Teller zu reduzieren, dabei deutlich Gewicht abzubauen und am Ende mit weniger Gewicht, wieder beweglicher und lecker schlemmend meiner Diabetes-Erkrankung die rote Karte zu zeigen.

Und genau das habe ich in der Folge auch getan. Meine Ernährung habe ich auf weniger Kohlenhydrate umgestellt. Keine totale Kohlenhydratverweigerung, aber deutlich weniger und in der Qualität bessere Kohlenhydrate als in der Vergangenheit. Haushaltszucker, herkömmliche Backwaren, klassische Sättigungsbeilagen wie Nudeln, Kartoffeln und Reis verschwanden von meinem Speiseplan, und der Anteil an Gemüse in meiner Ernährung explodierte im Gegenzug.

Jeder Teller füllte und füllt sich bis heute immer mindestens zur Hälfte mit Gemüse, was den Bauch ordentlich füllt und dabei viele Vitamine, Mineralstoffe und Ballaststoffe liefert. Dieses Gemüse teilt sich den Teller stets mit einer guten Portion Eiweiß, denn das brauchen wir regelmäßig, um ausreichend Baustoffe für unseren Körper zu haben und um eine lange Sättigung zu erzielen. Dabei greife ich sowohl auf tierische Eiweißquellen wie Milchprodukte, Fleisch und Fisch zurück, aber auch pflanzliche Eiweißlieferanten stehen hoch im Kurs. Denken Sie da an Nüsse und Saaten, Hülsenfrüchte, Pilze oder auch Haferkleie.

Der Mix macht den Unterschied, und es ist mitnichten so, dass bei Low Carb nur Fleisch gegessen wird. Ja, Fleisch steht durchaus häufig auf dem Speiseplan, aber ist eben nicht mehr der Hauptdarsteller, sondern nur Begleiter, der in überschaubaren Mengen für den gesunden Nährstoffmix wertvoll ist. Auch Fisch ist in unserer Ernährung sehr hilfreich, denken wir an die wertvollen Omega-3-Fettsäuren, das Mangelvitamin D3 und das uns Landratten oft fehlende Jod, was über regelmäßigen Fischverzehr zugeführt werden sollte. Besser nährstoffreich essen als täglich eine Handvoll Nahrungsergänzungen schlucken, ist da meine Devise.

Komplexe Kohlenhydrate aus Gemüse und Hülsenfrüchten, dazu Käse, Fleisch und Fisch, damit lässt sich gut und lecker Low Carb kochen. Es mag Ihnen am Anfang auf dem Teller so vorkommen, als hätten Sie die Beilage vergessen. Keine Panik, das ging mir zu Beginn auch so, aber dieses Gefühl vergeht schnell.

Da schließt sich direkt wieder der Kreis zu diesem Buch, denn bei den Suppen und Topfgerichten gibt es sowieso keine Beilagen, da ist alles, was es braucht, bereits bunt gemischt und kann weggelöffelt werden. Dazu sind die Rezepte perfekt, wenn Gäste im Haus sind und diesen unbemerkt eine Low-Carb-Köstlichkeit untergejubelt werden soll. Im Suppentopf fällt Low Carb nicht auf, es sei denn, Sie verraten Ihr Schlemmergeheimnis aus freien Stücken.

Suppenträume werden lowcarberisiert

Was in den Suppen drin ist, entscheiden Sie. Und so wurden aus den Weizenmehl-Butterschwämmchen meiner Mutter leckere Haferkleie-Butterschwämmchen mit dem Extraplus an Ballaststoffen. So tauschte ich in dem Linseneintopf die Kartoffeln gegen Steckrüben und Pastinaken, und Bettis neuer liebster Linseneintopf war geboren. Was immer auch früher Ihre Lieblingssuppe war, es gibt sicher auch dafür eine gesündere, kohlenhydratreduzierte Option, ganz ohne Genusseinbußen.

Ein Vorteil von Low Carb ist schließlich, dass am Fett nicht gespart werden muss. Denn ohne all die kalorienreichen Kohlenhydratbomben, dazu den Teller mit schlank machendem Gemüse gefüllt, entsteht reichlich Raum für gesundes Fett, das als Geschmacksträger die Gerichte richtig lecker macht. Greifen Sie daher zu Milchprodukten mit natürlichem Fettgehalt, genießen Sie die gesunden Fette aus verschiedenen Nüssen/Saaten oder den Exoten wie Avocado und Kokosnuss. Olivenöl, Butter und natürlich fetter Fisch stehen ganz selbstverständlich auf dem Speiseplan einer gesunden Low-Carb-Ernährung. Das macht satt und versorgt uns mit den lebensnotwendigen Fettsäuren, die wir selbst nicht herstellen können.

Light-Produkte, Fertiggerichte und allerlei, was die Ernährungsindustrie mit vielen Zusatzstoffen, gehärteten Fetten und Geschmacksverstärkern für uns im Supermarkt bereithält, können Sie ab sofort getrost ignorieren. Vergleiche ich meinen Einkaufswagen aus dem Jahr 2013 und blicke in den Einkaufswagen von heute, dann sieht der inzwischen doch ganz anders aus. Heute befinden sich überwiegend unverarbeitete Basislebensmittel im Warenkorb, die anschließend in der heimatlichen Küche schmackhaft nach meinen eigenen Rezepten zubereitet werden.

Weshalb Sie Low-Carb-Fan werden sollten

Lassen Sie mich noch mal kurz zusammenfassen, weshalb ich mich 2013 für die Low-Carb-Ernährung entschieden habe und, noch wichtiger, warum ich bis heute dabeigeblieben bin. Denn das Geheimnis von einem langfristigen Gewichtsverlust, und ich habe 60 kg verloren, liegt darin, eine passende energiebalancierende Ernährung zu finden, der man langfristig treu bleiben kann und will. Und das darf dann, in meinen Augen, kein Kalorienzählen beinhalten oder dauerhaft fettreduziertes Gummikäseessen sein.

DER LOW-CARB-ZAUBER BERUHT AUF DER KOMBINATION VON:

- einer guten und nachhaltigen Sättigung, die durch die Kombination der passenden Lebensmittel in Bezug auf Volumen und dem optimalen Verhältnis von Kohlenhydrate-Eiweiß-Fett zueinander entsteht,
- dem Austausch von kalorienreichen Sättigungsbeilagen und Lebensmitteln gegen viel Gemüse, was eine niedrige Energiedichte auf dem Teller bedeutet,
- der höheren Nährstoffdichte der verwendeten Lebensmittel im Vergleich zu einer Durchschnittsernährung mit vielen hochkalorischen, aber nährstoffarmen Lebensmitteln. Dank Low Carb essen Sie mehr Vitamine, Mineralstoffe, Spurenelemente, sekundäre Pflanzenstoffe und Ballaststoffe,

- einem nur wenig schwankenden Blutzuckerspiegel, der keinen Heißhunger aufkommen lässt und dabei die Bauchspeicheldrüse schont. Weniger Insulin im Blut verbessert die Fettverbrennung und hilft, schneller Gewicht zu verlieren und macht es leichter, das Körpergewicht zu halten,
- leckerem und abwechslungsreichem Essen, das einfach schmeckt und langfristig keine Gelüste aufkommen lässt.

Wer gerne gut isst und sich langfristig mit Messer und Gabel gesund erhalten will, ist mit der Low-Carb-Ernährung gut beraten. Das Leben ist zu kurz für schlechtes Essen, daher besser gleich Low Carb, denn da vereinen sich Gesundheit und Genuss auf dem Teller.

Probieren Sie es aus, und bitte beachten Sie, dass man Low Carb sehr unterschiedlich interpretieren und umsetzen kann. Wundern Sie sich also nicht, wenn andere Low Carber sich daran stören, dass Sie Hülsenfrüchte essen, wo die doch so viele Kohlenhydrate haben. Alle haben irgendwie aus ihrer eigenen Perspektive recht. Toleranz ist auch hier das Zauberwort wie so oft in unserer Welt.

Machen Sie Ihr Ding und werden Sie damit happy

Finden Sie Ihren Weg, so wie ich das mit meinem Happy-Carb-Prinzip auch gemacht habe. Wandeln Sie ab, was nicht zu Ihnen passt. Solange Sie die grundsätzliche Zusammensetzung der Makronährstoffe nicht zu sehr verändern, ist alles fein. Kommen Sie bei der Ernährung an, die Sie glücklich und zufrieden macht. Nur Sie können das mit Ihrem Kopf und Körper erspüren und beurteilen. Gehen Sie Ihren eigenen Weg, und ich hoffe, meine Erfahrungen und Rezepte dienen Ihnen zur Inspiration und helfen bei der Umsetzung.

Genau so habe ich das nämlich auch gemacht. Und nachdem ich mit dem Low-Carb-Virus infiziert war und praktisch überzeugt davon bin, wie positiv sich meine Gesundheit entwickelt hat, habe ich begonnen, im Internet einen Blog über meinen Weg zu schreiben. Besuchen Sie mich doch gerne unter www.happycarb.de und lassen Sie sich von meinen Rezeptideen und weiteren tollen Kochbüchern inspirieren.

Eine Kurzfassung und mein grundlegendes Happy-Carb-Prinzip finden Sie auf den nächsten Seiten. Entdecken Sie, wie gut gesunde Ernährung schmecken kann. Werden Sie körperlich und geistig vital und tanzen Sie fröhlich durch die Welt.

Mein Happy-Carb-Prinzip

MEIN HAPPY-CARB-PRINZIP

Als ich mich mit den unterschiedlichen Low-Carb-Varianten beschäftigt habe, hat mir überall etwas zugesagt und anderes fand ich blöd. Also habe ich mir meine eigenen Regeln gemacht, mit denen ich erfolgreich abgenommen und gleichzeitig meine Diabetes-Typ-2-Erkrankung in die Schranken gewiesen habe.
Bunt, gesund und sehr flexibel. So funktioniert Happy Carb:

Kohlenhydrate einschränken auf eine Menge von 50–100 Gramm pro Tag.

Bevorzugt essen: Reichlich buntes Gemüse und Salat, gelegentlich Hülsenfrüchte wie Linsen, Bohnen und Kichererbsen, zuckerarmes Obst in kleinen Mengen, Haferkleie und daraus hergestellte Backwaren.

Vermeiden zu essen: Getreideprodukte, Weizen, Dinkel, Roggen, Hafer (außer meiner geliebten Haferkleie), Nudeln, Backwaren, Reis, Kartoffeln, Mais, verschiedene Zucker/-arten (enden mit -ose), Bananen, Trauben, Trockenobst, Süßigkeiten und ewig haltbare Fertiggerichte mit langen Zutatenlisten.

Eiweiß reichlich essen in einer Menge von 1–1,5 Gramm Eiweiß pro Kilogramm Normalgewicht (Körpergröße in Zentimeter minus 100).

Das Eiweiß in Form von »magerem« Fleisch (auf das Fett zumindest während der Abnehmphase wegen der eingeschränkten Energiezufuhr achten) und jeder Sorte Fisch (dabei regelmäßig fetten Fisch wegen der Omega-3-Fettsäuren) verzehren. Milchprodukte so fett, wie es der gute Geschmack erfordert. Finger weg von Light-Produkten. Gerne Eier. Auch ein hochwertiges Eiweißpulver als Zutat in der Küche erhöht die Zufuhr an gesundem Eiweiß. Keine Angst davor.

Gute Fette genießen, ca. 1–1,5 Gramm pro Kilogramm Normalgewicht (Körpergröße in Zentimeter minus 100).

Bevorzugen: Olivenöl, Kokosöl (Kokosprodukte), Avocados, Butter aus Weidemilch, Nüsse – besonders Macadamias – und Nussöle, natives Bio-Rapsöl, Leinöl.

Reduzieren: Sonnenblumenöl, Sojaöl, Maiskeimöl, Distelöl, Traubenkernöl.

Vermeiden: Transfette und industriell verarbeitete gehärtete Fette, die häufig in Fertigprodukten vorkommen.

Sie sehen schon anhand der Bandbreiten bei den Makronährstoffen, dass genügend Spielraum da ist, die Ernährung abwechslungsreich und bunt zu gestalten. Kein Tag muss wie der andere aussehen. Eine bunte Palette von Lebensmitteln kann in den Speiseplan integriert werden.

Auch können Sie über die Stellschrauben Kohlenhydrate und Fett die Kalorienzufuhr in Richtung Gewichtsverlust oder eben auch in Richtung Gewichtserhaltung drehen.

Mir war einfach wichtig, dass sich die Ernährung durch die Einhaltung dieser schlichten Regeln automatisch sinnvoll gestaltet, ohne dass ich mich selbst mit ständigem Überwachen der Nährwerte und der Energiezufuhr terrorisieren musste. Das Leben bietet doch schönere Dinge, als das eigene Dasein permanent zu überwachen und zu optimieren.

Alles beginnt mit einer guten Brühe

Die Basis jeder guter Suppe oder jedes guten Eintopfes ist eine gute Brühe, die die Flüssigkeit beisteuert und damit die Grundlage fürs Löffelglück darstellt.

Gleich vorweg möchte ich gestehen, dass ich gerne und häufig zu Instant-Gemüsebrühe greife. So toll ich selbst gemacht finde, schaffe ich es im Alltag nicht immer, eine frische Brühe selbst zu kochen oder habe auch nicht immer eine hausgemachte Pulverbrühe zur Hand. Sorry, aber Nobody is perfect. Das ist jedoch nicht schlimm, denn im Wunderland der Instant-Suppenbrühen gibt es eine große Auswahl an Brühepulvern, und nicht alle sind so schlecht wie der Ruf, welcher der gekörnten Brühe vorauseilt.

Wenn Sie sich also auf die Jagd nach einem akzeptablen Gemüsebrühepulver machen, dann achten Sie beim Kleingedruckten auf die folgenden Parameter:

- hoher Gemüseanteil von mindestens 20 Prozent,
- Verzicht auf Geschmacksverstärker wie Glutamat und Hefeextrakt,
- frei von Konservierungsstoffen,
- ohne Maisstärke, Maltodextrin und ähnliche Stoffe aus der Lebensmittelindustrie, die den Zweck haben, ein Pulver billig zu strecken,
- der Einsatz eines hochwertigen Steinsalzes oder eines gutes Meersalzes, denn in jedem Pulver macht das Salz den mengenmäßig größten Teil des Pulvers aus.

Klingt kompliziert und nach langem Suchen? Okay, dann legen wir jetzt doch los, und ich verrate Ihnen mein eigenes Rezept für ein hausgemachtes Gemüsebrühepulver. Da wissen Sie dann, was drin ist, und die DIY-Gemüsebrühe lässt sich dazu sehr gut auf Vorrat zubereiten und aufbewahren.

Die DIY-Gemüsebrühe

Ergibt 125 g/25 Teelöffel für je 250 ml

150 g Karotten, fein geraspelt
200 g Knollensellerie, fein geraspelt
150 g Lauch, in dünne Ringe geschnitten
50 g rote Zwiebel, fein gewürfelt
2 Knoblauchzehen, fein gehackt
4 EL Liebstöckel/Maggikraut, frisch, fein gehackt (alternativ 4 TL getrocknet, dann aber nicht mit im Backofen trocknen)
2 TL getrocknete Steinpilze, fein gehackt
½ TL Kurkuma, gemahlen
Etwa 65 g Steinsalz oder Meersalz

Wegen des Aufwands bietet es sich an, gleich die doppelte Menge an Gemüsebrühepulver zu produzieren, dann bitte die Backofenzeit um 30 Minuten verlängern.

Den Backofen auf 90 °C Umluft vorheizen.

Das Gemüse bis einschließlich des Liebstöckels (bei Verwendung von getrocknetem Liebstöckel bis einschließlich des Knoblauchs) auf ein mit Backpapier bedecktes Blech geben und das Gemüse für 3 Stunden bei 90 °C trocknen. Zwischendurch alle 30 Minuten den Backofen kurz öffnen, damit Feuchtigkeit entweichen kann, dabei das Gemüse durchmischen.

Dann das ofengetrocknete Gemüse, die fein gehackten getrockneten Steinpilze und das Kurkuma (bei Verwendung von getrocknetem Liebstöckel, auch dieses zufügen) in einen Mixer oder eine andere geeignete Küchenmaschine füllen. Dabei wiegen, wie viel Gramm es genau sind (müssten etwa 60–65 g sein). Alles fein zerkleinern und dann noch das Salz im gleichen Gewicht wie das Gemüse untermischen und noch mal alles fein mit der Maschine zerkleinern.

Die fertige Gemüsebrühe in ein sauberes und trockenes Schraubglas füllen und fest verschließen.

BASISBRÜHEN, DIE IN KEINER KÜCHE FEHLEN SOLLTEN

Bei allen Brühen, die ich Ihnen gleich präsentiere, lohnt der Aufwand besonders, wenn Sie echten authentischen Geschmack in der Suppe wollen und dazu das Gericht auch von den Inhaltsstoffen her aufwerten möchten.

Eine richtig gute Hühnerbrühe haben Sie am Ende eben wirklich nur, wenn ein gutes Bio-Huhn ausgekocht wurde. Nehmen Sie den Aufwand hin und wieder auf sich und frieren Sie Portionen ein. Ich friere gerne 500-Milliliter-Becher ein, die ich dann bei Bedarf mit etwas hausgemachter Instant-Gemüsebrühe verlängere. So kann ich vom Ergebnis einer Kochsession häufiger kochen und muss trotz der Brühenmischung nicht auf den Geschmack und die guten Inhaltsstoffe verzichten.

Wenn Ihr Platz im Tiefkühler immer knapp ist, können Sie die Brühen auch stärker einreduzieren lassen und haben dann konzentrierte Fonds, die Sie bei Bedarf mit Wasser wieder passend verlängern können.

Einen Tipp noch aus dem Alltag. Häufig werden für ein Gemüsegericht verschiedene Gemüsesorten vorgekocht und das Kochwasser dann lieblos weggegossen. Manchmal sogar, nachdem Hähnchenfilets oder Hähnchenkeulen ebenfalls darin gekocht wurden. Was für ein Frevel, welch guter Geschmack da durch den Abfluss verschwindet. Retten Sie das Kochwasser von Gemüse und Fleisch, würzen Sie dieses mit etwas (selbst gemachtem) Gemüsebrühepulver und frieren Sie das leckere Ergebnis ein. Auf diesem Weg haben Sie immer wieder, ohne großen Extraaufwand, eine schöne Suppenbasis.

DAS FANTASTISCHE BRÜHENTRIO

Die aromatische Gemüsebrühe

Ergibt etwa 2,5 Liter fertige Gemüsebrühe

30 ml Olivenöl, nativ extra (2 EL)
200 g Zwiebeln, grob gehackt
2 Knoblauchzehen, gehackt
150 g Lauch, in Ringe geschnitten
300 g Sellerie, in Würfel geschnitten
200 g Karotten, in Würfel geschnitten
150 g Pastinaken, gewürfelt
200 g Kohlrabi, gewürfelt
150 g Staudensellerie, gewürfelt
5 g Steinpilze oder Shiitake, getrocknet
3 Lorbeerblätter, getrocknet
1 Gewürznelke
5 Pimentkörner
5 Wacholderbeeren
10 Pfefferkörner
Muskatnuss, gerieben (optional)
1 EL Sojasoße, hell (optional)
Salz und Pfeffer

In einem großen Suppentopf 2 EL Olivenöl erhitzen und die Zwiebelwürfel glasig anbraten. Dann die gehackten Knoblauchzehen zufügen und diese kurz anschwitzen.

Nun das komplette Gemüse und die Gewürze untermischen. Im nächsten Schritt 4 l Wasser in den Topf geben. Alles durchrühren und dann den Suppentopf halb zugedeckt für 75 Minuten köcheln lassen. Dabei verdampft ein Teil der Flüssigkeit, was den Geschmack der Brühe intensiviert.

Zum Schluss die Brühe durch ein großes Küchensieb gießen und das aufgefangene Gemüse gut abtropfen lassen.

Die Brühe nun noch mal mit Salz und Pfeffer würzen. Wer mag, kann auch etwas frisch geriebene Muskatnuss zufügen oder einen Esslöffel helle Sojasoße zur geschmacklichen Abrundung.

Die kraftspendende Hühnerbrühe

Ergibt etwa 2,5 Liter fertige Hühnerbrühe

1 Bio-Suppenhuhn von etwa 1 kg
150 g Zwiebeln, grob gehackt
150 g Lauch, in Ringe geschnitten
150 g Sellerie, in Würfel geschnitten
150 g Karotten, in Würfel geschnitten
2 Lorbeerblätter, getrocknet
½ Bund Petersilie
3 Pimentkörner
3 Wacholderbeeren
5 Pfefferkörner
Salz und Pfeffer

Das Suppenhuhn in einen großen Topf geben und mit 4 l Wasser auffüllen. Dann den Topfinhalt zum Kochen bringen. Den aufsteigenden Schaum abschöpfen. Diesen Vorgang wiederholen, bis kein Schaum mehr aufsteigt (dieser kann weggeworfen werden). Dann das Gemüse und die Gewürze in den Topf geben und die Hitze reduzieren, bis der Topfinhalt nur noch leise köchelt.

Das Suppenhuhn mit Gemüse und Gewürzen bei geschlossenem Deckel für 2 Stunden köcheln lassen. Gelegentlich das Gemüse durchmischen, damit sich die Aromen im Topf verteilen.

Nach der Kochzeit das Suppenhuhn aus dem Topf nehmen. Das Fleisch lässt sich prima für ein Frikassee oder einen Geflügelsalat verwenden. Die Hühnerbrühe mit dem Gemüse durch ein großes Küchensieb abseihen und die verbleibende Brühe noch mal mit Salz und Pfeffer nachwürzen.

Die nahrhafte Rinderbrühe

Ergibt etwa 2,5 Liter fertige Rinderbrühe

2 Beinscheiben vom Rind
2 Markknochen
150 g Zwiebeln, grob gehackt
2 Knoblauchzehen, gehackt
150 g Lauch, in Ringe geschnitten
150 g Sellerie, in Würfel geschnitten
150 g Karotten, in Würfel geschnitten
2 Lorbeerblätter, getrocknet
2 TL Thymian, getrocknet
2 TL Majoran, getrocknet
3 Pimentkörner
3 Wacholderbeeren
5 Pfefferkörner
Salz und Pfeffer

Die Beinscheiben und die Markknochen in einen großen Topf geben und mit 4 l Wasser auffüllen. Dann den Topfinhalt zum Kochen bringen. Den aufsteigenden Schaum abschöpfen. Diesen Vorgang wiederholen, bis kein Schaum mehr aufsteigt (dieser kann weggeworfen werden). Dann das Gemüse und die Gewürze in den Topf geben und die Hitze reduzieren, bis der Topfinhalt nur noch leise köchelt.

Das Rindfleisch und die Knochen mit Gemüse und Gewürzen bei geschlossenem Deckel für 3 Stunden köcheln lassen. Gelegentlich das Gemüse durchmischen, damit sich die Aromen im Topf verteilen.

Nach der Kochzeit die Beinscheiben und die Knochen aus dem Topf nehmen. Das Fleisch lässt sich prima als Suppeneinlage oder einen Rindfleischsalat verwenden. Die Rinderbrühe mit dem Gemüse durch ein großes Küchensieb abseihen und die verbleibende Brühe noch mal mit Salz und Pfeffer nachwürzen.

Suppen und Eintöpfe Low Carb

55 kreative Lieblingsrezepte, die Bauch und Seele wärmen

55 KREATIVE LIEBLINGSREZEPTE, DIE BAUCH UND SEELE WÄRMEN

ALL YOU NEED IS SOUP!

Lieblingssuppen für Bauch und Seele

Supp' dich schlank

Eintöpfe, die Krach machen

Löffelglück rund um die Welt

In nur einem Topf lecker gekocht

Bitte beachten Sie, dass sich die Rezepte auf eine unterschiedliche Anzahl von Portionen/Personen beziehen. Die genaue Information finden Sie direkt bei jedem einzelnen Rezept.

Bei den Gemüsemengen handelt es sich bei den Grammangaben immer um bereits geputzte, geschälte und kochfertig vorbereitete Mengen. Kaufen Sie, je nach Produkt, immer etwas mehr und größer ein, damit nach der Vorbereitung in etwa die korrekte Menge zur Verfügung steht.

Alle Rezepte sind mit Nährwertangaben versehen. Basis der Berechnung sind die von mir tatsächlich verwendeten Zutaten. Abweichungen und Fehler sind trotz aller Sorgfalt nicht ausgeschlossen.

Lieblingssuppen für Bauch und Seele

Wer kennt nicht die Suppen, die Herz und Seele wärmen, über die man sich immer wieder freut, weil es zur Suppe eine besondere Erinnerung gibt. Die Gemüsesuppe mit Butterschwämmchen wird beispielsweise immer eine schöne Erinnerung an meine Kindheit bleiben, als wäre ich wieder 10 Jahre alt und säße fröhlich mit meinen Eltern am Mittagstisch. Kommen Sie mit mir auf eine gelöffelte Zeitreise und genießen Sie meine Lieblingssuppen, die so unterschiedlich sind und doch nur das Ziel haben, dass Sie sich nach dem Essen gut fühlen.

Lieblings-Kürbissuppe

6 Portionen

Kürbissuppe forever

15 g Kokosöl
85 g Zwiebel, gehackt
2 Zehen Knoblauch, fein gehackt
1 EL Ingwer, gehackt
1 rote Chilischote, fein gehackt
100 g Sellerie, gewürfelt
150 g Karotten, gewürfelt
200 g Lauch, in Ringe geschnitten
1,25 kg Butternut-Kürbis, geschält, in Stücke geschnitten
1,5 l Gemüsebrühe
250 ml Kokosmilch
150 ml Orangensaft, frisch gepresst
2 TL mildes Currypulver
1 TL Paprikapulver, rosenscharf
50 g Kürbiskerne zum Bestreuen
Salz und Pfeffer

In einem großen Suppentopf das Kokosöl erhitzen. Die Zwiebelwürfel darin glasig anbraten und dann die Knoblauch-, die Ingwerwürfel und die gehackte Chilischote untermischen. Anschließend das Gemüse einschließlich der Kürbiswürfel zufügen und alles gemeinsam für 2–3 Minuten anbraten. Nun mit der Gemüsebrühe ablöschen und die Suppe für 20–25 Minuten kochen lassen.

Nach der Kochzeit das Gemüse mit dem Pürierstab cremig zerkleinern. Anschließend die Kokosmilch und den Orangensaft unterrühren. Die Suppe nun mit dem Currypulver und dem Paprikapulver würzen und dann final mit Salz und Pfeffer abschmecken.

Die fertige Lieblings-Kürbissuppe in Schalen oder Suppentellern anrichten und dort noch mit den Kürbiskernen bestreuen.

Nährwerte pro Portion:

Kilokalorien: 282, Fett: 15,3 g, Kohlenhydrate: 27,2 g, Eiweiß: 8,1 g

Gemüsesuppe mit Haferkleie-Butterschwämmchen

6 Portionen

Für die Suppenbasis und Fleischeinlage:
600 g Rindfleisch zum Kochen (Suppenfleisch)
1,2 l Gemüsebrühe
3 EL Liebstöckel (Maggikraut), frisch, grob gehackt

Für die Gemüsesuppe:
600 g Blumenkohl, in kleinere Röschen zerteilt
350 g Kohlrabi, in kleine Würfel geschnitten
200 g grüne Bohnen (frisch oder TK)
200 g Karotten, in kleine Würfel geschnitten
100 g Knollensellerie, in kleine Würfel geschnitten
100 g TK-Erbsen
250 g Lauch, in Ringe geschnitten
2 EL frische Petersilie, gehackt, zum Bestreuen
Salz und Pfeffer

Die Suppe stand in meiner Kindheit häufig Samstag auf dem Tisch.

Für die Haferkleie-Butterschwämmchen:
60 g Butter, weich
2 Eier, Größe M
35 g Eiweißpulver, Natural
50 g Haferkleie, relativ fein, falls grob, dann feiner zerkleinern
1 Msp. Kurkuma (für die Farbe)
½ TL Guarkernmehl
3 TL Petersilie, fein gehackt
¼ TL Muskatnuss, frisch gerieben
750 ml Gemüsebrühe
Salz und Pfeffer

Das Rindfleisch am Stück mit der Gemüsebrühe aufkochen. Den aufsteigenden Schaum abschöpfen. Diesen Vorgang wiederholen, bis kein Schaum mehr aufsteigt (dieser kann weggeworfen werden). Nun den Liebstöckel in den Topf geben und den Topfinhalt so für 90 Minuten köcheln lassen. Anschließend das Fleisch aus dem Topf nehmen, etwas abkühlen lassen und lauwarm klein schneiden.

In die heiße Rinderbrühe das klein geschnittene Gemüse geben und 15 Minuten kochen lassen. Zwischendurch mischen, damit das komplette Gemüse abwechselnd in der Brühe liegt.

Den Teig für die Butterschwämmchen herstellen. Dazu alle Zutaten (bis auf die Gemüsebrühe) mit einem Schneebesen verrühren. In einem separaten Topf 750 ml Gemüsebrühe zum Kochen bringen und mit einem Teelöffel jeweils einen ¾ Teelöffel von Teig abstechen und mit einem Finger in die Brühe schieben. Die Schwämmchen nun einige Minuten köcheln lassen, bis diese oben schwimmen. Die Butterschwämmchen abschöpfen und in einem Küchensieb abtropfen lassen.

Die Gemüsesuppe mit Salz und Pfeffer abschmecken. Das Fleisch und die Butterschwämmchen in die Suppe geben und erneut warmziehen lassen. Falls die Flüssigkeit in der Suppe etwas knapp ist, dann von der Gemüsebrühe, in denen die Schwämmchen gekocht wurden, zum Verlängern zufügen. Zum Schluss noch mit frisch gehackter Petersilie bestreuen und genießen.

Nährwerte pro Portion:
Kilokalorien: 408, Fett: 20,6 g, Kohlenhydrate: 16,3 g, Eiweiß: 34,2 g

Fischsuppe Büsum

4 Portionen

15 ml Olivenöl, nativ extra (1 EL)
85 g rote Zwiebel, fein gehackt
2 Knoblauchzehen, fein gehackt
½ TL rote Currypaste
150 g Staudensellerie, in sehr kleine Würfel geschnitten
150 g Karotten, in sehr kleine Würfel geschnitten
400 g Steckrübe, in sehr kleine Würfel geschnitten
400 ml Fischfond
400 ml Gemüsebrühe
400 g Tomaten, gehackt, aus der Dose
3 EL Krabbencreme, aus der Tube
1 EL Worcestersoße
2 TL Thymian, frisch oder getrocknet
¼ TL Piment, gemahlen
2 TL Erythrit
2 Lorbeerblätter, getrocknet
125 g Lachsfilet, ohne Haut, in Stücke geschnitten
250 g Kabeljaufilet, in Stücke geschnitten
150 g Seelachsfilet, in Stücke geschnitten
100 g Nordseekrabben, gekocht
100 ml Sahne
Salz und Pfeffer

Inspiriert von einem Nordsee-urlaub …

In einem großen Topf einen Esslöffel Olivenöl erhitzen und die Zwiebelwürfel darin glasig anbraten. Dann die Knoblauchwürfel und die rote Currypaste zufügen und beides kurz mit den Zwiebeln anschwitzen.

Als Nächstes die Staudensellerie-, die Karotten- und Steckrübenwürfel in den Topf geben und untermischen. Dann mit dem Fischfond, der Gemüsebrühe und den gehackten Dosentomaten ablöschen. Die Krabbencreme, die Worcestersoße, den Thymian, das Piment, das Erythrit und die Lorbeerblätter in die Suppe geben. Nun die Suppe für 20 Minuten kochen lassen.

Anschließend die beiden Lorbeerblätter aus der Suppe herausfischen. Den Pürierstab an 3 Stellen im Topf für 3–4 Sekunden laufen lassen. Die Bestandteile sollen nicht alle zerkleinert werden, sondern nur ein kleiner Teil, der dann für die Sämigkeit der Suppe sorgt.

Danach den rohen Fisch (Lachs, Kabeljau und Seelachs) in die heiße, nicht mehr kochende Suppe geben und diesen für 7–8 Minuten garziehen lassen. Nun noch die Nordseekrabben und die Sahne unterrühren und die Suppe final mit Salz und Pfeffer abschmecken. Vorsichtig umrühren, damit die Fischstücke nicht zerfallen.

Nährwerte pro Portion:
Kilokalorien: 420, Fett: 22,1 g, Kohlenhydrate: 18,4 g, Eiweiß: 35,4 g

Gemüse-Blutwurstsuppe

4 Portionen

15 ml Olivenöl, nativ extra (1 EL)
100 g Zwiebel, gewürfelt
200 g Karotten, gewürfelt
200 g Knollensellerie, gewürfelt
200 g Lauch, in Ringe geschnitten
200 g Butternut-Kürbis, in Würfel geschnitten
(alternativ Süßkartoffel)
1,2 l Gemüsebrühe
2 TL Thymian, frisch oder getrocknet
200 g Blutwurst, ohne Haut, in Würfel geschnitten
100 g Schmand, 24 % Fett
40 g Kürbiskerne zum Bestreuen
Salz und Pfeffer

Blutwurst – I love it!

In einem großen Topf einen Esslöffel Olivenöl erhitzen und die Zwiebelwürfel darin glasig anbraten. Dann die Karotten-, die Selleriewürfel, die Lauchringe und die Butternut-Würfel untermischen und diese kurz anrösten. Nun das Gemüse mit der Gemüsebrühe ablöschen und alles für 15 Minuten kochen lassen.

Die Suppe als Nächstes mit einem Pürierstab cremig zerkleinern und dann den Thymian und die Blutwurststücke zufügen. Die Suppe jetzt so lange rühren, bis die Blutwurst weitestgehend zerfallen ist und sich mit der Suppe verbunden hat.

Nun noch den Schmand in die Suppe geben und alles final mit Salz und Pfeffer abschmecken. Die Suppe in Schalen anrichten und noch mit einigen Kürbiskernen bestreuen.

Nährwerte pro Portion:
Kilokalorien: 369, Fett: 25,8 g, Kohlenhydrate: 14,4 g, Eiweiß: 15,8 g

Basilikum-Mandel-Suppe mit Fleischbällchen

3 Portionen

15 ml Olivenöl, nativ extra (1 EL)
100 g Fenchel, in Streifen geschnitten
500 g Blumenkohl, in Röschen zerteilt
750 ml Gemüsebrühe
200 ml Sahne
20 g frisches Basilikum
250 g grobes rohes Bratwurstbrät,
in kleine Bällchen gerollt
50 g Mandelmus
Salz und Pfeffer

Einfach, schnell und doch so köstlich

Einen größeren Topf mit einem Esslöffel Olivenöl moderat erhitzen und die Fenchelstreifen darin kurz anbraten. Danach die Blumenkohlröschen zufügen. Nun das Gemüse mit der Gemüsebrühe und der Sahne ablöschen und anschließend für 15 Minuten kochen lassen.

Als Nächstes die Basilikumblätter zufügen und die Suppe mit einem Pürierstab fein zerkleinern. Dann die Bratwurstbrätbällchen in die heiße Suppe geben und diese für 10–12 Minuten garziehen lassen.

Zum Schluss noch das Mandelmus unterrühren und die Suppe final mit Salz und Pfeffer abschmecken.

Nährwerte pro Portion:
Kilokalorien: 601, Fett: 49,0 g, Kohlenhydrate: 10,7 g, Eiweiß: 25,5 g

Winterliche Gemüsecremesuppe mit Hähnchen

3 Portionen

Für die Hähncheneinlage:
900 ml Gemüsebrühe
1 Hähnchenkeule
1 Hähnchenbrust

Die Suppe wärmt an kalten Tagen.

Für die Gemüsecremesuppe:
15 g Kokosöl
75 g rote Zwiebel, gehackt
1 Knoblauchzehe, fein gehackt
½ TL rote Currypaste
250 g Pastinaken, gewürfelt
250 g Lauch, in Ringe geschnitten
150 g Karotten, gewürfelt
150 ml Kokosmilch
100 ml Orangensaft, frisch gepresst
2 TL Currypulver
¼ TL Zimt, gemahlen
Salz und Pfeffer

Die Gemüsebrühe in einem Topf erhitzen und darin die Hähnchenkeule und die Hähnchenbrust aufkochen. Den aufsteigenden Schaum abschöpfen. Diesen Vorgang wiederholen, bis kein Schaum mehr aufsteigt (dieser kann weggeworfen werden). Den Topfinhalt für 20–25 Minuten kochen. Dann das Fleisch aus dem Topf nehmen und leicht abkühlen lassen. Noch lauwarm, vom Knochen gelöst und ohne Haut, klein schneiden.

In einem größeren Suppentopf das Kokosöl erhitzen und die Zwiebelwürfel glasig anbraten. Die Knoblauchwürfel und die Currypaste zufügen und kurz mitbraten. Dann die Pastinakenwürfel, die Lauchringe und die Karottenstücke zufügen und das Gemüse für 2–3 Minuten braten. Den Topfinhalt mit der Kochbrühe des

Hähnchenfleisches ablöschen und alles für 15 Minuten kochen lassen. Anschließend die Suppe mit einem Pürierstab fein pürieren und die Kokosmilch und den Orangensaft untermischen.

Zum Schluss das Currypulver und den Zimt mit einem Schneebesen einrühren und die Suppe mit Salz und Pfeffer abschmecken. Jetzt noch das klein geschnittene Hähnchenfleisch in die Suppe geben und kurz warmziehen lassen.

Sollte die Suppe zu dick werden, mit etwas Gemüsebrühe verlängern, bis die richtige Konsistenz erreicht ist.

Nährwerte pro Portion:
Kilokalorien: 432, Fett: 23,0 g, Kohlenhydrate: 24,2 g, Eiweiß: 28,6 g

Hackfleischsuppe Seelentrost

4 Portionen

450 g grobes rohes Bratwurstbrät
100 g rote Zwiebel, in kleine Würfel gehackt
2 Knoblauchzehen, gepresst
30 g Tomatenmark, doppelt konzentriert
150 g rote Paprikaschote, in kleine Würfel geschnitten
150 g orange Paprikaschote, in kleine Würfel geschnitten
100 g Staudensellerie, geputzt und gewürfelt
200 g Lauch, in 5 mm breite Ringe geschnitten
300 g Blumenkohl, grob geraspelt
800 ml Gemüsebrühe
400 g gehackte Tomaten, aus der Dose
1 TL Kreuzkümmel, gemahlen
1 TL Paprikapulver, rosenscharf
1 TL Currypulver
2 TL Majoran, getrocknet
2 TL Thymian, getrocknet
75 g Mandelmus
Salz und Pfeffer

Rettet den Tag, wenn die Stimmung Limbo tanzt …

Einen größeren Suppentopf nehmen und das Wurstbrät für 3–4 Minuten krümelig anbraten. Da braucht es kein zusätzliches Fett, denn das Wurstbrät hat genug davon. Dann die Zwiebelwürfel zufügen und diese für 2–3 Minuten gemeinsam mit dem Wurstbrät braten. Jetzt noch den Knoblauch und das Tomatenmark in den Topf geben und untermischen.

Nun das komplette frische Gemüse zufügen und im Topf für 2–3 Minuten rösten. Mit der Gemüsebrühe und den gehackten Tomaten ablöschen. Jetzt die ganzen Gewürze in den Topf geben und die Suppe für 15–20 Minuten kochen lassen.

Zum Schluss noch das Mandelmus unterrühren und die Suppe mit Salz und Pfeffer abschmecken.

Nährwerte pro Portion:
Kilokalorien: 538, Fett: 35,6 g, Kohlenhydrate: 18,8 g, Eiweiß: 31,2 g

Sauerkraut-Currytopf mit Mettenden

4 Portionen

15 ml Olivenöl, nativ extra (1 EL)
300 g Mettenden/geräucherte Mettwürste, in Scheiben geschnitten
150 g Zwiebel, in Ringe geschnitten
1 TL rote Currypaste
500 g Paprikaschote, rot, gelb, grün gemischt, in Würfel geschnitten
250 g Lauch, in Ringe geschnitten
300 g Sauerkraut, aus der Dose
1 EL Majoran, getrocknet
2 TL Currypulver
500 ml Hühnerbrühe
200 g Schmand, 24 % Fett
½ TL Johannisbrotkernmehl, zur Bindung
Salz und Pfeffer

Sehr deftig und doch etwas exotisch ...

In einem großen Topf das Olivenöl erhitzen und die Wurstscheiben kurz anbraten und diese dann aus dem Topf nehmen.

Im Bratfett nun die Zwiebelringe für 5–6 Minuten weich braten. Dann die Currypaste zufügen und diese mit den Zwiebeln anschwitzen. Jetzt die Paprikastücke, die Lauchringe, das Sauerkraut, den Majoran und das Currypulver in den Topf geben und alles zusammen kurz braten.

Anschließend mit der Hühnerbrühe ablöschen und den Topf für 12–14 Minuten köcheln lassen.

Danach den Schmand unterrühren und die Wurstscheiben wieder in den Topf geben. Den Topfinhalt nun mit dem Johannisbrotkernmehl andicken, dazu dieses direkt mit einem Schneebesen einrühren. Den Suppentopf final noch mit Salz und Pfeffer abschmecken.

Nährwerte pro Portion:
Kilokalorien: 468, Fett: 34,1 g, Kohlenhydrate: 18,4 g, Eiweiß: 19,0 g

Weckt Tote auf – Hühnersuppe

4 Portionen

1 Bio-Suppenhuhn, etwa 1,2 kg
2,5 l Gemüsebrühe
15 g Kokosöl
75 g Zwiebel, fein gehackt
1 TL rote Currypaste
850 g Blumenkohl, grob geraspelt
150 g Sellerie, fein gewürfelt
250 g Karotte, in Würfel geschnitten
350 g Lauch, in Ringe geschnitten
400 g Hähnchenleber
200 ml Sahne
2 TL Currypulver
1 TL Johannisbrotkernmehl, zur Bindung
6 EL frische Petersilie, gehackt, zum Bestreuen
Salz und Pfeffer

Das beste Heilmittel bei Männerschnupfen

Das Bio-Suppenhuhn in die Gemüsebrühe in einen Topf legen. Dann den Topfinhalt zum Kochen bringen. Den aufsteigenden Schaum abschöpfen. Diesen Vorgang wiederholen, bis kein Schaum mehr aufsteigt (dieser kann weggeworfen werden). Den Topfinhalt 2 Stunden kochen. Dann das Huhn aus der Brühe nehmen und das Fleisch vom Knochen lösen und klein schneiden.

In einem großen Topf das Kokosöl erhitzen und die Zwiebelwürfel glasig anbraten. Dann die Currypaste zufügen und kurz anschwitzen. Anschließend das komplette Gemüse in den Topf geben und alles gemeinsam für 4–5 Minuten braten. Als Nächstes mit der Hühnerbrühe aus dem ersten Topf ablöschen und die Suppe für 5–6 Minuten kochen lassen.

Die Hähnchenleber in Salzwasser in einem separaten Topf für 4–5 Minuten vorkochen.

Jetzt noch die Sahne und das Currypulver im Suppentopf unterrühren und die Suppe mit dem Johannisbrotkernmehl binden. Dazu das Johannisbrotkernmehl zügig mit einem Schneebesen einrühren.

Das ausgelöste Hühnerfleisch und die Hähnchenleber zufügen und die Suppe final mit Salz und Pfeffer abschmecken und mit der Petersilie bestreuen.

Nährwerte pro Portion:
Kilokalorien: 616, Fett: 41,8 g, Kohlenhydrate: 13,0 g, Eiweiß: 42,4 g

Rouladensuppe

5 Portionen

15 ml Olivenöl, nativ extra (1 EL)
500 g Rinder-Rouladenfleisch, in 1 cm breite Streifen geschnitten
250 g rote Zwiebel, fein gehackt
200 g Baconwürfel
50 g Tomatenmark, doppelt konzentriert
1 l Gemüsebrühe
650 g Spitzkohl, ohne Strunk, in Streifen geschnitten
400 g rote Spitzpaprikaschote, in Streifen geschnitten
1 EL Majoran, getrocknet
1 TL Paprikapulver, rosenscharf
200 g Schmand, 20 % Fett
2 EL Senf, mittelscharf
200 g Gewürzgurken, in Würfel geschnitten
1 TL Johannisbrotkernmehl, zur Bindung
Salz und Pfeffer

Hier wird nicht gerollt, sondern gelöffelt.

In einem großen Topf das Olivenöl erhitzen und die Rouladenfleischstreifen anbraten. Wenn das Fleisch nach 4–5 Minuten so weit ist, dann die Zwiebelwürfel und die Baconwürfel zufügen. Gemeinsam für weitere 3–4 Minuten braten. Anschließend das Tomatenmark untermischen und ebenfalls kurz anschwitzen. Mit der Gemüsebrühe ablöschen und das Fleisch für 60 Minuten kochen lassen.

Als Nächstes den geschnittenen Spitzkohl und die Spitzpaprikastreifen hinzufügen und den Majoran und das Paprikapulver unterrühren. Die Suppe nun für weitere 10 Minuten köcheln lassen. Danach den Schmand und den Senf unterrühren, die Gewürzgurken untermischen und die Rouladensuppe mit Salz und Pfeffer abschmecken.

Zum Schluss zur Bindung noch das Johannisbrotkernmehl durch ein kleines Küchensieb mit einem Schneebesen einrühren. Wer es suppiger mag, gibt einfach noch Gemüsebrühe hinzu, bis die gewünschte Konsistenz erreicht ist.

Nährwerte pro Portion:
Kilokalorien: 502, Fett: 30,5 g, Kohlenhydrate: 19,0 g, Eiweiß: 34,9 g

Low-Carb-Lasagnesuppe

Sellerie ersetzt die Lasagnenudeln ...

4 Portionen

15 ml Olivenöl, nativ extra (1 EL)
100 g rote Zwiebel, gehackt
2 Knoblauchzehen, fein gehackt
350 g mageres Rinderhackfleisch
100 g Baconwürfel
600 g Sellerie, in grobe Stücke geschnitten und dann dünn gehobelt
500 ml Gemüsebrühe
150 ml Rotwein (alternativ mehr Gemüsebrühe)
150 g süßsauer eingelegte geröstete Paprikaschote, abgetropft, aus dem Glas, in Stücke geschnitten
400 g stückige Tomaten, aus der Dose
50 g Tomatenmark, doppelt konzentriert
1 EL Pizzagewürz (alternativ Oregano)
80 g Kräuterfrischkäse
80 g Cheddar-Käse, fein gerieben
Salz und Pfeffer

In einem größeren Suppentopf einen Esslöffel Olivenöl moderat erhitzen und die Zwiebelwürfel darin für 2–3 Minuten glasig anbraten. Gegen Ende noch die gehackten Knoblauchzehen dazugeben und diese kurz mit anbraten. Dann das magere Rinderhackfleisch zufügen und dieses krümelig braten. Anschließend die Baconwürfel untermischen und diese gemeinsam mit dem Hackfleisch und den Zwiebeln für 2–3 Minuten braten. Danach die Selleriescheiben zur Zwiebel-Fleisch-Mischung geben und alles gemeinsam für 3–4 Minuten braten.

Während die Selleriescheiben mit der Hackmischung gebraten werden, nebenbei die Gemüsebrühe, den trockenen Rotwein und die klein geschnittenen eingelegten Paprikastücke mit einem Pürierstab zerkleinern. Dann mit dieser Mischung den Sellerie-Fleischtopf ablöschen. Nun noch die stückigen Tomaten aus der Dose, das Tomatenmark und das Pizzagewürz in den Topf geben und alles gut unterrühren. Die Low-Carb-Lasagnesuppe nun für etwa 25 Minuten kochen lassen.

Zum Schluss noch den Kräuterfrischkäse und den geriebenen Cheddar-Käse in die Suppe rühren und alles final mit Salz und Pfeffer abschmecken.

Statt Knollensellerie kommt als Gemüse auch Kohlrabi oder Steckrübe infrage. Je nachdem, was geschmacklich bevorzugt wird und was die saisonale Gemüsesituation gerade hergibt.

Nährwerte pro Portion:
Kilokalorien: 541, Fett: 32,9 g, Kohlenhydrate: 16,0 g, Eiweiß: 33,3 g

Winterlicher Fischtopf

4 Portionen

Nicht nur für Seebären

15 ml Olivenöl, nativ extra (1 EL)
85 g rote Zwiebel, gehackt
½ TL rote Currypaste
250 g Karotten, in Würfel geschnitten
250 g Lauch, in Ringe geschnitten
250 g Pastinaken, in Würfel geschnitten
250 g Süßkartoffel, in Würfel geschnitten
750 ml Gemüsebrühe
100 ml trockener Weißwein
75 ml Orangensaft, frisch gepresst
½ TL Currypulver
1 TL Majoran, getrocknet
150 g geräucherte Makrele, in kleine Stücke zerteilt
250 g Skrei (Winter-Kabeljau), in mundgerechte Stücke geschnitten
(alternativ normaler Kabeljau oder Seelachs)
2 TL Ingwer, frisch gerieben
200 ml Sahne
Salz und Pfeffer

In einem größeren Topf einen Esslöffel Olivenöl erhitzen und die Zwiebelwürfel glasig anbraten. Die rote Currypaste zufügen und diese kurz anschwitzen. Dann das komplette Gemüse zufügen und dieses für 1–2 Minuten anrösten. Anschließend den Topf mit der Gemüsebrühe, dem Weißwein und dem Orangensaft ablöschen, das Currypulver und den Majoran unterrühren und die Suppe nun für 20 Minuten kochen lassen.

Anschließend den Pürierstab an 3 Stellen für 3–4 Sekunden in dem Fischtopf laufen lassen, damit ein Teil der Stücke zerkleinert wird und so eine sämige Konsistenz entsteht.

Nun die Makrelen- und die Skreistücke in den Gemüsetopf geben und den Fisch in der heißen Flüssigkeit für 3–4 Minuten garziehen lassen. Dann noch den frisch geriebenen Ingwer und die Sahne vorsichtig unterrühren und den Fischtopf final mit Salz und Pfeffer abschmecken.

Nährwerte pro Portion:
Kilokalorien: 492, Fett: 26,2 g, Kohlenhydrate: 32,1 g, Eiweiß: 24,2 g

Supp' dich schlank

Suppen sind perfekte Schlankmacher. Ein großer Vorteil ist, dass der Bauch mit der in der Suppe vorhanden Flüssigkeit gefüllt wird und auf diesem Wege mit weniger Kalorien eine gute Sättigung erreicht werden kann. Natürlich hängt es auch davon ab, was in der Suppe drin ist. Denn nichts geht ohne wertvolles Eiweiß, gesunde Fette und natürlich Gemüse, Gemüse, Gemüse, um die Fettverbrennung zu aktivieren. Löffeln Sie Ihre Speckpölsterchen weg mit den folgenden Rezepten.

Brokkolisuppe mit Feta

2 Portionen

15 ml Olivenöl, nativ extra (1 EL)
50 g rote Zwiebel, gehackt
1 Knoblauchzehe, fein gehackt
400 g Brokkoli, in kleine Röschen zerteilt
700 ml Gemüsebrühe
50 g Frischkäse
75 g Feta, gewürfelt
30 g Cashewkerne, grob gehackt
Salz und Pfeffer

Brokkoli, der gesunde grüne Wuschelkopf

In einem größeren Topf einen Esslöffel Olivenöl erhitzen und die Zwiebelwürfel darin glasig anbraten. Dann die Knoblauchwürfel zufügen und diese kurz mit den Zwiebeln anrösten. Nun die Brokkoliröschen und die Gemüsebrühe zufügen und die Suppe für 15 Minuten kochen lassen.

Anschließend den Frischkäse und den Feta zufügen und die Suppe danach mit einem Pürierstab grob zerkleinern. Zum Schluss die Brokkolisuppe noch mit Salz und Pfeffer abschmecken.

Die fertige Suppe in Schalen anrichten und mit den gehackten Cashewkernen sevieren.

Nährwerte pro Portion:
Kilokalorien: 412, Fett: 29,4 g, Kohlenhydrate: 14,0 g, Eiweiß: 18,8 g

Kalte zickige Gemüsesuppe

2 Portionen

500 ml Gemüsesaft
350 g Skyr oder Magerquark
100 g Ziegenfrischkäse
2 EL Cashewmus oder Mandelmus
30 ml Olivenöl, nativ extra (2 EL)
1 TL Currypulver
1 TL Paprikapulver, edelsüß
150 g Kirschtomaten, geviertelt
150 g Snack-Gurken in Würfel geschnitten
2 EL frische Petersilie, gehackt
Salz und Pfeffer

Kalte Suppe macht schlanke Hüften.

Die Zutaten bis einschließlich des Paprikapulvers in einen Mixer geben und alles gemeinsam cremig fein zerkleinern. Die kalte Gemüsesuppe mit Salz und Pfeffer abschmecken.

Dann die Suppe in Tellern anrichten und die Tomaten- und die Gurkenstücke darüber verteilen. Abschließend noch mit der frischen Petersilie bestreuen.

Nährwerte pro Portion:

Kilokalorien: 494, Fett: 28,4 g, Kohlenhydrate: 24,7 g, Eiweiß: 29,9 g

Grüne Melonensuppe

2 Portionen

Für die Sommerfigur

400 g eiskalt gekühlte weiße Melone oder Honigmelone, in Stücke geschnitten
225 g Skyr oder Magerquark
150 ml Wasser
1 TL Gemüsebrühepulver
100 g frischer Baby-Spinat
2 EL Cashewmus oder Mandelmus
Salz und Pfeffer

Die Zutaten komplett in einen Mixer füllen und alles fein zerkleinern. Anschließend direkt eiskalt servieren.

Nährwerte pro Portion:
Kilokalorien: 331, Fett: 10,9 g, Kohlenhydrate: 35,3 g, Eiweiß: 19,5 g

Karotten-Erdnuss-Suppe mit Hähnchen und Kichererbsen

2 Portionen

Nährstoffbombenalarm

15 ml Olivenöl, nativ extra (1 EL)
50 g Zwiebel, gehackt
250 g Karotten, in Würfel geschnitten
500 ml Karottensaft (ohne Honig)
150 ml Gemüsebrühe
200 g Hähnchenbrust, längs in 2 Teile geschnitten
1 TL Paprikapulver, edelsüß
½ TL Kreuzkümmel, gemahlen
2 EL Erdnussmus
50 ml Sahne
140 g Kichererbsen, aus der Dose, abgespült und abgetropft
2 Frühlingszwiebeln, in Ringe geschnitten
Salz und Pfeffer

In einem Suppentopf einen Esslöffel Olivenöl erhitzen und die Zwiebelwürfel darin glasig anbraten. Dann die Karottenwürfel zufügen und diese kurz mit den Zwiebeln gemeinsam braten. Anschließend den Karottensaft und die Gemüsebrühe zufügen. Nun die beiden Stücke der Hähnchenbrust in die Flüssigkeit legen und die Suppe für 10 Minuten köcheln lassen.

Anschließend das Fleisch aus der Suppe nehmen und auf einem Schneidbrett zwischenlagern.

Die Gewürze und das Erdnussmus in die Karottensuppe geben und dann alles gemeinsam mit einem Pürierstab zerkleinern. Dann die Sahne und die Kichererbsen unterrühren. Nun noch das Hähnchenfleisch in kleine Stücke schneiden, das Fleisch in die Suppe geben und warmziehen lassen.

Die fertige Suppe mit Salz und Pfeffer abschmecken, auf Tellern anrichten und noch mit den Frühlingszwiebelringen bestreuen.

Nährwerte pro Portion:
Kilokalorien: 575, Fett: 25,9 g, Kohlenhydrate: 40,1 g, Eiweiß: 37,5 g

Spinat-Mandel-Suppe mit Ei

2 Portionen

Popeye würde diese Suppe lieben.

10 g Kokosöl
50 g rote Zwiebel, gehackt
150 g Kohlrabi, in kleine Würfel geschnitten
400 g TK-Spinat, jung, gehackt
500 ml Gemüsebrühe
1 Msp. Muskatnuss, frisch gerieben
1 TL Thymian, frisch oder getrocknet
2 EL Mandelmus
4 hart gekochte Eier, Größe M, klein geschnitten
Salz und Pfeffer

In einem Suppentopf das Kokosöl erhitzen und darin die Zwiebelwürfel glasig anbraten. Dann die Kohlrabiwürfel, den gefrorenen Spinat und die Gemüsebrühe zufügen. Den gehackten Spinat in der Gemüsebrühe auftauen und alles gemeinsam für 10 Minuten kochen lassen.

Die Mischung im Topf nun mit dem Pürierstab fein zerkleinern und dann die gemahlene Muskatnuss und den Thymian untermischen. Als Nächstes das Mandelmus unterrühren und die Suppe mit Salz und Pfeffer abschmecken. Zum Schluss

noch die klein geschnittenen Eier in die Suppe geben und, damit es schöner aussieht, mit einigen Scheiben Ei dekorieren.

Nährwerte pro Portion:
Kilokalorien: 397, Fett: 26,8 g, Kohlenhydrate: 10,3 g, Eiweiß: 25,4 g

Cremige Tomaten-Kichererbsen-Suppe

3 Portionen

Schmeckt immer ...

15 g Kokosöl
50 g rote Zwiebel, gehackt
1 Zehe Knoblauch, fein gehackt
75 g Karotte, in kleine Würfel geschnitten
150 g Lauch, in Ringe geschnitten
500 ml passierte Tomaten
500 ml Gemüsebrühe
3–4 TL Harissa-Paste (nordafrikanische Würzpaste, gibt es im Supermarkt)
250 ml Kokosmilch
Saft von ½ Limette, frisch gepresst
220 g Kichererbsen, aus der Dose, abgespült und abgetropft
Salz und Pfeffer

Das Kokosöl in einem Suppentopf erhitzen und die Zwiebelwürfel glasig anbraten. Die Knoblauchwürfel, die Karottenstücke und die Lauchringe zufügen. Alles gemeinsam 1–2 Minuten braten. Dann mit den passierten Tomaten und der Gemüsebrühe ablöschen. Die Suppe für 10 Minuten köcheln lassen.

Nun die Harissa-Paste, die Kokosmilch, den Limettensaft und die Kichererbsen zufügen. Den Topfinhalt mit einem Pürierstab cremig zerkleinern und die Suppe final mit Salz und Pfeffer abschmecken.

Nährwerte pro Portion:
Kilokalorien: 372, Fett: 24,6 g, Kohlenhydrate: 25,2 g, Eiweiß: 10,7 g

Sommerliche Hühnersuppe mit Blumenkohlreis

5 Portionen

1 frisches Hähnchen, etwa 1,3 kg Gesamtgewicht
3 TL Gemüsebrühepulver
3 TL Thymian, getrocknet oder frisch
2 TL frischer Rosmarin, gehackt
2 Lorbeerblätter, getrocknet
15 ml Olivenöl, nativ extra (1 EL)
85 g Zwiebel, gehackt
2 Knoblauchzehen, fein gehackt
200 g Karotte, in Würfel geschnitten
100 g Staudensellerie, geputzt, in Würfel geschnitten
250 g Lauch, in dünne Ringe geschnitten
600 g Blumenkohl, grob geraspelt
4 EL Saft von 1 Bio-Zitrone, frisch gepresst
150 ml Sahne
1–1,5 TL Johannisbrotkernmehl, zur Bindung
Salz und Pfeffer

Das Hähnchen in einen großen Suppentopf geben und so viel heißes Wasser zufügen, bis das Hähnchen knapp bedeckt ist und nur noch die Knochen der Keulen rausschauen. Dann den Topfinhalt zum Kochen bringen. Den aufsteigenden Schaum abschöpfen. Diesen Vorgang wiederholen, bis kein Schaum mehr aufsteigt (dieser kann weggeworfen werden).

Jetzt das Gemüsebrühepulver und die Kräuter unterrühren. Das Hähnchen nun in der Brühe für 75 Minuten kochen lassen. Dann das Fleisch aus der Gemüsebrühe nehmen, leicht abkühlen lassen und das Hähnchenfleisch wie bei einem Frikassee von den Knochen lösen.

Einen großen Topf mit einem Esslöffel Olivenöl erhitzen und die Zwiebelwürfel darin glasig anbraten. Knoblauch, Karotte, Lauch und Staudensellerie in den Topf geben und alles gemeinsam kurz braten. Dann noch den geraspelten Blumenkohl zufügen und anschließend die Brühe des Hähnchens in den Topf gießen. Dabei die Lorbeerblätter entfernen. Das Gemüse in der Suppe für 12–15 Minuten köcheln lassen.

Danach das ausgelöste Hähnchenfleisch in den Topf zur Suppe geben und den Zitronensaft und die Sahne zufügen. Nun die Suppe mit dem Johannisbrotkernmehl abbinden, dazu das Bindemittel mit einem Schneebesen einrühren. Mit einem Teelöffel anfangen, einen Moment warten und dann bei Bedarf einen weiteren halben Teelöffel einrühren. Die Suppe zum Schluss noch final mit Salz und Pfeffer abschmecken.

Nährwerte pro Portion:
Kilokalorien: 467, Fett: 26,7 g, Kohlenhydrate: 11,3 g, Eiweiß: 40,0 g

Die Zitrone gibt Frische ...

Minestrone mit Quinoa

3 Portionen

75 g Quinoa, dreifarbig
15 ml Olivenöl, nativ extra (1 EL)
75 g rote Zwiebel, in Ringe geschnitten
250 g Lauch, in Ringe geschnitten
150 g Staudensellerie, gewürfelt
250 g Zucchini, ohne Kerne, nur das Fleisch in Würfel geschnitten
150 g Fenchel, in Würfel geschnitten
250 g Kohlrabi, in kleine Würfel geschnitten
250 g Kirschtomaten, halbiert
2 TL Oregano, frisch oder getrocknet
750 ml Gemüsebrühe
½ TL Johannisbrotkernmehl, zur Bindung
75 g Parmesan, frisch gerieben
Salz und Pfeffer

Italienisches Gemüsesüppchen mit Powerextra

Die Quinoakörnchen in einem feineren Sieb sorgfältig mit Wasser abspülen. Dann in 400 ml Wasser für 12 Minuten vorkochen und abgießen. Es braucht einen nicht zu groben Seiher, sonst machen sich die Quinoas durch den Abfluss davon.

In einem größeren Topf das Olivenöl erhitzen und die Zwiebelringe glasig dünsten. Dann die Lauchringe, Staudensellerie-, Zucchini-, Fenchel- und Kohlrabiwürfel zufügen. Danach die Kirschtomaten und den Oregano untermischen und alles gemeinsam für 2–3 Minuten braten. Mit der Gemüsebrühe ablöschen und die Minestrone für 7–8 Minuten köcheln lassen. Anschließend die bereits vorgekochten Quinoakörnchen unterrühren.

Bei Bedarf das Johannisbrotkernmehl mit einem Schneebesen einrühren, dann ist die Minestrone nicht mehr ganz so wässrig. Die Suppe nun noch final mit Salz und Pfeffer abschmecken. Die Minestrone in einem tiefen Teller servieren und üppig mit dem geriebenen Parmesan bestreuen.

Nährwerte pro Portion:
Kilokalorien: 343, Fett: 14,5 g, Kohlenhydrate: 29,9 g, Eiweiß: 19,2 g

Sellerie-Ananas-Suppe mit Hähnchen-Drumsticks

2 Portionen

Sellerie und Ananas. Exotisch lecker …

Für die Drumsticks:
1 EL helle Sojasoße
1 TL Currypulver
1 TL Paprikapulver, edelsüß
4 Hähnchenunterkeulen

Für die Sellerie-Ananas-Suppe:
5 ml Olivenöl, nativ extra (1 TL)
50 g rote Zwiebel, gehackt
400 g Knollensellerie, in kleine Würfel geschnitten
100 g Karotte, in kleine Würfel geschnitten
750 ml Hühnerbrühe
150 g Ananas, in Stücken, aus der Dose, ungezuckert
100 ml Sahne
Salz und Pfeffer

Den Backofen auf 180 °C Umluft vorheizen.

Für die Drumsticks die Sojasoße mit dem Currypulver und dem Paprikapulver verrühren. Die Hähnchenunterkeulen in eine Ofenform legen und diese mit der Würzmischung einreiben. Die Hähnchenkeulen nun für 30 Minuten im Ofen backen.

In der Zwischenzeit für die Sellerie-Ananas-Suppe in einem größeren Topf einen Teelöffel Olivenöl erhitzen und die Zwiebelwürfel darin glasig anbraten. Dann die Sellerie- und die Karottenwürfel zufügen und diese kurz anrösten. Anschließend das Gemüse mit der Hühnerbrühe ablöschen und die Suppe für 20 Minuten kochen lassen.

Danach die Ananasstücke in die Suppe geben und alles gemeinsam mit dem Pürierstab cremig fein zerkleinern. Nun noch die Sahne unterrühren und die fertige Suppe mit Salz und Pfeffer abschmecken.

Die Suppe mit den Drumsticks aus dem Ofen in Schalen anrichten.

Nährwerte pro Portion:
Kilokalorien: 497, Fett: 33,1 g, Kohlenhydrate: 23,4 g, Eiweiß: 29,6 g

Frühstückssuppe mit Avocado, Lachs und Süßkartoffel

1 Portion

250 ml Gemüsebrühe
100 g Süßkartoffel, in kleine Würfel geschnitten
75 g Avocado, das Fruchtfleisch in Würfel geschnitten
80 g Räucherlachs, in Streifen geschnitten
30 ml Kokosmilch (2 EL)
1 TL Dill, frisch oder TK
Salz und Pfeffer

Die Gemüsebrühe mit den Süßkartoffelstücken für 12–15 Minuten kochen. Dann die Avocadowürfel zufügen und die Suppe mit dem Pürierstab fein zerkleinern.

Das Frühstück mit dem Energieturbo

Anschließend den Räucherlachs, die Kokosmilch und den Dill unterrühren und alles gemeinsam erhitzen. Die Suppe zum Schluss noch mit Salz und Pfeffer abschmecken.

Nährwerte pro Portion:
Kilokalorien: 479, Fett: 34,8 g, Kohlenhydrate: 23,3 g, Eiweiß: 18,5 g

Eintöpfe, die Krach machen

Nun kommen wir zu den Eintöpfen, bei denen alle Freunde der Hülsenfrüchte voll auf ihre Kosten kommen. Sind die überhaupt Low Carb? Warum nicht, wenn es das Kohlenhydratbudget zulässt, so wie es bei Happy Carb der Fall ist. Alle Eintöpfe punkten durch einen guten Anteil an pflanzlichem Eiweiß, vielen Ballaststoffen, reichlich Nährstoffen und natürlich der Extraportion Happiness. Wenn Ihr Bauch in Sachen Linsen, Erbsen und Bohnen noch ungeübt ist, dann gehen Sie es langsam an, denn der Darm muss sich an die neuen Besucher gewöhnen.

Der Bettilix-Zaubertopf

6 Portionen

30 ml Olivenöl, nativ extra (2 EL)
150 g rote Zwiebel, in Würfel geschnitten
6 Sardellen aus dem Glas, fein gehackt
500 g grobes rohes Wurstbrät, in kleine Stücke zerteilt
800 g Butternut-Kürbis, grob geraspelt
350 g Lauch, in dünne Ringe geschnitten
750 ml Hühnerbrühe
500 ml Gemüsesaft
400 g gehackte Tomaten, aus der Dose
100 g Tomaten-Pesto
2 EL Cashewmus oder Mandelmus
250 g weiße Bohnen, aus der Dose, abgetropft und abgespült
120 g frischer Rucola, die Blätter einmal halbiert oder grob zerrupft
60 g Walnüsse, gehackt
Salz und Pfeffer

Da wird aus mir ein Obelix …

Einen obelixgroßen Topf mit zwei Esslöffeln Olivenöl erhitzen und die Zwiebelwürfel darin glasig anschwitzen. Dann die gehackten Sardellen zufügen und diese für 2–3 Minuten braten, bis sie fast geschmolzen sind. Nun das Wurstbrät untermischen und dieses für einige Minuten krümelig braten.

Anschließend die Kürbisraspel und die Lauchringe in den Topf geben und alles zusammen für 4–5 Minuten braten. Danach die Hühnerbrühe, den Gemüsesaft und die gehackten Tomaten in den Topf geben. Nun den kompletten Topfinhalt für 15–18 Minuten kochen lassen.

Zum Schluss das Tomaten-Pesto und das Cashewmus unterrühren. Dann die weißen Bohnen zufügen und warmziehen lassen. Den gehaltvollen Topf nun noch mit Salz und Pfeffer final abschmecken.

Den fertigen Bettilix-Zaubertopf in tiefen Tellern oder Schalen anrichten und dann mit dem frischen Rucola und den gehackten Walnüssen bestreuen.

Nährwerte pro Portion:
Kilokalorien: 587, Fett: 37,6 g, Kohlenhydrate: 30,9 g, Eiweiß: 28,0 g

Gemüse-Bohneneintopf mit Kabanossi

4 Portionen

Herzhafte Winterküche

15 ml Olivenöl, nativ extra (1 EL)
250 g Kabanossi, in Scheiben geschnitten
75 g rote Zwiebel, fein gehackt
2 Knoblauchzehen, fein gehackt
250 g Karotten, in kleine Würfel geschnitten
250 g Pastinaken, in kleine Würfel geschnitten
250 g Süßkartoffel, gewürfelt (alternativ mehr Karotten und Pastinaken)
250 g Lauch, in Ringe geschnitten
750 ml Gemüsebrühe
400 g gehackte Tomaten, aus der Dose
1 EL Kräuter der Provence, getrocknet
250 g weiße Bohnen, aus der Dose, abgetropft und abgespült
50 g Frischkäse
½ TL Johannisbrotkernmehl, zur Bindung
Salz und Pfeffer

Einen großen Suppentopf mit einem Esslöffel Olivenöl erhitzen und die Kabanossischeiben darin kurz anbraten. Anschließend die Wurstscheiben aus dem Topf nehmen und im Bratfett die Zwiebelwürfel glasig braten. Nun die Knoblauchwürfel zufügen und ebenfalls kurz mitbraten. Dann das komplette Gemüse in den

Topf geben und dieses für 2–3 Minuten braten und anschließend mit der Gemüsebrühe und den gehackten Dosentomaten ablöschen. Den Esslöffel Kräuter der Provence hinzufügen und die Suppe für 18–20 Minuten köcheln lassen.

Anschließend die weißen Bohnen, die gebratenen Kabanossischeiben und den Frischkäse in die Suppe rühren. Wenn die Suppe zu wässrig ist, dann den halben Teelöffel Johannisbrotkernmehl mit einem Schneebesen einrühren. Die Suppe final noch mit Salz und Pfeffer abschmecken.

Nährwerte pro Portion:
Kilokalorien: 483, Fett: 23,5 g, Kohlenhydrate: 40,4 g, Eiweiß: 21,8 g

Linsensuppe Störtebeker

Gewürze und Fisch

2 Portionen

15 ml Olivenöl, nativ extra (1 EL)
50 g rote Zwiebel, fein gehackt
100 g rote Linsen
500 ml Gemüsesaft
250 ml Gemüsebrühe
1 TL Paprikapulver, edelsüß
1 TL Currypulver
2 TL Dill, frisch oder TK
125 g geräucherte Makrele, in kleine Stücke zerteilt
75 g Nordseekrabben, gekocht
40 g Frischkäse
Salz und Pfeffer

In einem größeren Topf für die Suppe einen Esslöffel Olivenöl erhitzen und die Zwiebelwürfel darin für 1–2 Minuten glasig anbraten. Dann die Zutaten bis einschließlich des Currypulvers in den Topf geben und die Suppe für 20–25 Minuten kochen lassen. Bitte am Ende prüfen, ob die Linsen weich sind, ansonsten die Kochzeit verlängern.

Zum Schluss noch den Dill, die Makrelenstücke, die Nordseekrabben und den Frischkäse unterrühren und die Suppe mit Salz und Pfeffer abschmecken.

Nährwerte pro Portion:
Kilokalorien: 537, Fett: 25,5 g, Kohlenhydrate: 37,0 g, Eiweiß: 36,5 g

Fruchtige Linsensuppe

3 Portionen

15 g Kokosöl
200 g Lauch, in Ringe geschnitten
150 g Karotte, in kleine Würfel geschnitten
75 g TK-Mango, ungezuckert
150 g Rote Linsen
900 ml Gemüsebrühe
¼ TL Kreuzkümmel, gemahlen
½ TL Paprikapulver, rosenscharf
1 TL Currypulver
150 ml Kokosmilch
25 g Kokosflakes bzw. Kokoschips
75 g Frühlingszwiebel, in Ringe geschnitten
Salz und Pfeffer

Exotisch, ohne aufdringlich zu sein ...

Einen mittelgroßen Topf mit dem Kokosöl erhitzen und die Lauchringe und die Karottenwürfel für 1–2 Minuten anbraten.

Dann die gefrorenen Mangowürfel untermischen und die roten Linsen zufügen. Den Topfinhalt mit der Gemüsebrühe ablöschen und die Suppe für 20–25 Minuten kochen lassen.

Wenn die roten Linsen weich sind, die Suppe mit einem Pürierstab fein zerkleinern. Nun noch die Gewürze zufügen und die Kokosmilch unterrühren. Falls die Suppe am Ende zu dick ist, mit etwas Gemüsebrühe strecken.

Zum Schluss die Suppe mit Salz und Pfeffer abschmecken und noch die Kokosflakes und die Frühlingszwiebelringe untermischen. Dabei einen kleinen Teil zum Bestreuen nach dem Anrichten zurückbehalten.

Nährwerte pro Portion:
Kilokalorien: 438, Fett: 21,7 g, Kohlenhydrate: 37,0 g, Eiweiß: 16,6 g

Bärlauch-Hackfleischtopf

6 Portionen

Frühling in der Suppenschüssel

30 ml Olivenöl, nativ extra (2 EL)
700 g Geflügelhackfleisch
75 g rote Zwiebel, gehackt
800 g Kohlrabi, in 1–2 cm große Würfel geschnitten
250 g Karotten, in Würfel geschnitten
150 g TK-Erbsen
400 g weißer Spargel, geschält, in 2 cm lange Stücke geschnitten
750 ml Gemüsebrühe
200 g Frischkäse
150 g Cheddar-Käse, fein gerieben
200 g frischer Bärlauch, in Streifen geschnitten
¾ TL Johannisbrotkernmehl, zur Bindung
Salz und Pfeffer

In einem großen Topf 2 Esslöffel Olivenöl erhitzen und das Geflügelhackfleisch krümelig anbraten. Dann die Zwiebelwürfel untermischen und diese mit dem Fleisch für 2–3 Minuten glasig braten.

Anschließend das komplette Gemüse untermischen und dieses für 2–3 Minuten mit dem Fleisch gemeinsam braten. Danach mit der Gemüsebrühe ablöschen und alles gemeinsam für 15–18 Minuten kochen lassen.

Nun den Frischkäse unterrühren und danach den geriebenen Cheddar-Käse in der Suppe schmelzen lassen. Anschließend noch die Bärlauchstreifen unterrühren und den Suppentopf mit dem Johannisbrotkernmehl abbinden. Dazu einfach direkt mit einem Schneebesen einrühren.

Zum Schluss den Bärlauch-Hackfleischtopf mit Salz und Pfeffer abschmecken.

Nährwerte pro Portion:
Kilokalorien: 498, Fett: 30,3 g, Kohlenhydrate: 16,0 g, Eiweiß: 36,1 g

Bettis Linseneintopf

3 Portionen

Hausmannskost auf meine Art ...

15 g Butterschmalz
75 g Zwiebel, gehackt
1 Knoblauchzehe, fein gehackt
125 g braune Tellerlinsen, getrocknet
1 l Gemüsebrühe, kräftig gewürzt
250 g mageres Dörrfleisch/geräucherter Bauchspeck, am Stück
3 EL Liebstöckel (Maggikraut), frisch oder 3 TL, getrocknet
300 g Steckrübe, in kleine Würfel geschnitten
150 g Karotten, in kleine Würfel geschnitten
100 g Pastinaken, in kleine Würfel geschnitten
200 g Lauch, in Ringe geschnitten
10 g Kartoffelfasern
Salz und Pfeffer

Das Butterschmalz in einem Topf hoch erhitzen und die Zwiebelwürfel darin anbraten. Die dürfen durchaus etwas Farbe bekommen, damit sich Röstaromen entwickeln. Dann den gewürfelten Knoblauch hinzufügen und kurz mit anschwitzen. Nun noch die Linsen hinzufügen. Anschließend mit der Gemüsebrühe ablöschen und das Dörrfleisch in die Suppe legen. Dann noch den Liebstöckel hinzufügen und die Suppe 60 Minuten kochen lassen.

Nach den 60 Minuten das klein geschnittene Gemüse hinzufügen und die Suppe weitere 15 Minuten kochen lassen. Dann das gekochte Dörrfleisch aus der Suppe nehmen und klein schneiden.

In die Suppe nun noch die Kartoffelfasern mit einem Schneebesen einrühren und das klein geschnittene Dörrfleisch anschließend wieder zurück in den Topf geben. Den Linseneintopf final mit Salz und Pfeffer abschmecken.

Nährwerte pro Portion:

Kilokalorien: 572, Fett: 30,8 g, Kohlenhydrate: 37,4 g, Eiweiß: 29,1 g

Spitzkohl-Hacktopf mit Senfrahm

4 Portionen

Eintopf oder Topfgericht? Egal, so oder so lecker ...

15 ml Olivenöl, nativ extra (1 EL)
400 g mageres Rinderhackfleisch
75 g Zwiebel, in kleine Würfel geschnitten
2 TL Majoran, getrocknet
2 TL Thymian, getrocknet
850 g Spitzkohl, ohne Strunk, in Streifen geschnitten
150 g Karotten, in kleine Würfel geschnitten
100 g Frischkäse
1 EL Senf, mittelscharf
255 g Kidneybohnen, aus der Dose, abgetropft und abgespült
Salz und Pfeffer

Einen Esslöffel Olivenöl in einem großen Topf erhitzen und das Hackfleisch krümelig anbraten. Dann die Zwiebelwürfel zufügen und diese mit dem Hack für 3–4 Minuten glasig braten. Als Nächstes den Majoran und den Thymian zufügen und die Hackmischung kräftig mit Salz und Pfeffer würzen.

Nun die Spitzkohlstreifen und die Karottenwürfel untermischen und das Gemüse unter Rühren für 5–6 Minuten bissfest braten.

In der Zwischenzeit den Frischkäse und den Senf miteinander verrühren und dann zur Kohl-Hackmischung geben und gut untermischen. Den Hacktopf nun unter gelegentlichem Rühren für 5–6 Minuten köcheln lassen. Dann noch die Kidneybohnen unterheben und diese für einige Minuten warm ziehen lassen. Jetzt den fertigen Spitzkohl-Hacktopf mit Senfrahm noch mit Salz und Pfeffer abschmecken.

Wenn der Spitzkohl-Hacktopf lieber suppiger gewünscht ist, dann einfach zusätzlich 250 ml Gemüsebrühe hinzufügen und lieber Löffel statt Gabel nehmen.

Nährwerte pro Portion:
Kilokalorien: 425, Fett: 23,5 g, Kohlenhydrate: 23,2 g, Eiweiß: 31,6 g

Bean-me-up-Betti-Bohneneintopf

6 Portionen

15 ml Olivenöl, nativ extra (1 EL)
250 g Gemüsezwiebel, fein gehackt
400 g mageres Rinderhackfleisch
150 g Chili-Kabanossi, in kleine Stücke geschnitten
300 g Kirschtomaten, geviertelt
300 g Karotte, in kleine Würfel geschnitten
300 g Knollensellerie, in kleine Würfel geschnitten
300 g Kohlrabi, in kleine Würfel geschnitten
300 g Süßkartoffel, in kleine Würfel geschnitten
500 ml Gemüsesaft
150 ml Ketchup, zuckerfrei
400 ml Gemüsebrühe
2 TL Senf, mittelscharf
2 TL Sambal Oelek
2 TL Paprikapulver, edelsüß
2 TL Currypulver
2 TL Majoran, getrocknet
100 g Frischkäse
100 g frischer Baby-Spinat
255 g Kidneybohnen, aus der Dose, abgetropft und abgespült
250 g weiße Bohnen, aus der Dose, abgetropft und abgespült
Salz und Pfeffer

Anschnallen, und ab geht die Reise …

In einem großen Suppentopf einen Esslöffel Olivenöl erhitzen und die Gemüsezwiebelwürfel darin für 2–3 Minuten glasig anbraten. Dann das Rinderhackfleisch zufügen und dieses mit den Zwiebelwürfeln krümelig braten. Nun noch die Kabanossistücke zufügen und diese kurz mitbraten.

Im nächsten Schritt das komplette Gemüse zufügen und alles zusammen für 3–4 Minuten braten. Anschließend mit dem Gemüsesaft, dem Ketchup und der

Gemüsebrühe ablöschen. Außerdem den Senf, das Sambal Oelek und die Gewürze in den Topf geben und alles zusammen für 20 Minuten kochen lassen.

Nun den Frischkäse unterrühren und dann zum Schluss den frischen Baby-Spinat, die Kidneybohnen und die weißen Bohnen zur Suppe geben.

Den deftigen Eintopf zum Schluss noch mit Salz und Pfeffer abschmecken.

Nährwerte pro Portion:
Kilokalorien: 496, Fett: 22,3 g, Kohlenhydrate: 38,8 g, Eiweiß: 30,8 g

Linsen-Hackfleischtopf mit Spinat

4 Portionen

Wer selber kocht, weiß, was drin ist.

Für die Linsen:
500 ml Gemüsesaft
400 ml Gemüsebrühe
3 TL Baharat-Gewürz (eine Mischung aus Paprikapulver, Kreuzkümmel, Nelke, Piment, Koriander, Muskatnuss, Pfeffer und Zimt)
150 g rote Linsen

Für den Hackfleischtopf:
15 ml Olivenöl, nativ extra (1 EL)
400 g Geflügelhackfleisch (alternativ mageres Rinderhackfleisch)
75 g rote Zwiebel, gehackt
2 Knoblauchzehen, fein gehackt
500 g Blumenkohl, grob geraspelt
100 g TK-Blattspinat
1 TL Erythrit
100 g Schmand, 24 % Fett
2 TL Dill, frisch oder TK
Salz und Pfeffer

In einem kleineren Topf den Gemüsesaft und die Gemüsebrühe zum Kochen bringen, das Baharat-Gewürz zufügen und die roten Linsen darin für 25 Minuten kochen, bis die Linsen weich sind und zu zerfallen beginnen.

In einem großen Topf einen Esslöffel Olivenöl erhitzen und das Geflügelhackfleisch krümelig anbraten. Dann die Zwiebelwürfel zufügen und diese mit dem Fleisch glasig braten. Nun noch die Knoblauchwürfel dazugeben und kurz untermischen. Dann den geraspelten Blumenkohl zufügen und unter Rühren 5–6 Minuten braten.

Im nächsten Schritt die vorgekochten Linsen mit der Flüssigkeit in den Fleischtopf umfüllen und anschließend den gefrorenen Spinat und das Erythrit unterrühren. Alles gemeinsam für weitere 5–6 Minuten kochen lassen.

Zum Schluss noch den Schmand und den Dill in den Linsen-Hackfleischtopf rühren und das Gericht mit Salz und Pfeffer abschmecken.

Nährwerte pro Portion:
Kilokalorien: 449, Fett: 18,5 g, Kohlenhydrate: 30,9 g, Eiweiß: 34,5 g

Erbsensuppe mit Räuchermakrele

2 Portionen

Hausmannskost inklusive Omega 3 ...

100 g grüne Erbsen, getrocknet
15 ml Olivenöl, nativ extra (1 EL)
50 g Zwiebel, fein gehackt
1 Knoblauchzehe, fein gehackt
800 ml Gemüsebrühe
2 TL Majoran, getrocknet
1 Lorbeerblatt
1 TL Currypulver
100 g Pastinaken, in kleine Würfel geschnitten
100 g Karotten, in kleine Würfel geschnitten
100 g Lauch, in Ringe geschnitten
125 g geräucherte Makrele, entgrätet und in kleine Stücke zerteilt
50 g Schmand, 24 % Fett
2 TL frische Petersilie, gehackt
Salz und Pfeffer

Die getrockneten grünen Erbsen mindestens für 12 Stunden in kaltem Wasser einweichen. Länger, auch über Nacht, ist kein Problem. Dann abgießen und abtropfen lassen.

In einem mittelgroßen Topf einen Esslöffel Olivenöl erhitzen und die Zwiebelwürfel darin glasig anbraten. Dann die Knoblauchwürfel zufügen und kurz mitbraten. Anschließend die eingeweichten Erbsen in den Topf geben und die Gemüsebrühe hinzugießen. Die Gewürze in die Suppe geben und die Erbsensuppe so für 60 Minuten zugedeckt kochen lassen.

Im nächsten Arbeitsschritt die Pastinaken-, die Karottenwürfel und die Lauchringe zur Suppe geben und diese für weitere 25–30 Minuten kochen lassen. Nach der Kochzeit das Lorbeerblatt entfernen. Nun mit dem Pürierstab die Suppe so weit zerkleinern, wie es dem persönlichen Geschmack entspricht. Schön wird es, wenn man den Pürierstab an 3–4 Stellen im Topf für 2–3 Sekunden laufen lässt. Dann wird die Suppe sämig, hat aber auch noch einige Stücke drin.

Danach die Makrelenstücke, den Schmand und die frisch gehackte Petersilie unterrühren. Die Erbsensuppe nun noch mit Salz und Pfeffer final abschmecken.

Nährwerte pro Portion:
Kilokalorien: 522, Fett: 25,8 g, Kohlenhydrate: 37,6 g, Eiweiß: 27,8 g

Hessische Blitz-Linsensuppe

3 Portionen

15 ml Olivenöl, nativ extra (1 EL)
50 g rote Zwiebel, gehackt
1 kleiner säuerlicher Apfel, geschält, in kleine Würfel geschnitten
125 g Karotte, in kleine Würfel geschnitten
125 g Knollensellerie, in kleine Würfel geschnitten
250 g Lauch, in Ringe geschnitten
700 ml Gemüsebrühe
265 g braune Linsen, tellerfertig, aus der Dose
100 g Harzer Käse/Handkäse
100 g Schmand, 24 % Fett
Salz und Pfeffer

Wir Hessen sind von der schnellen Truppe …

In einem mittelgroßen Topf einen Esslöffel Olivenöl erhitzen und die Zwiebelwürfel darin glasig anbraten.

Die Apfelstücke und das weitere klein geschnittene Gemüse zufügen und alles zusammen für 2–3 Minuten braten. Dann mit der Gemüsebrühe ablöschen und die Suppe für 15–18 Minuten kochen lassen. Anschließend die Suppe mit dem Pürierstab etwa zur Hälfte zerkleinern. Es sollen ruhig noch einige Stücke zu sehen sein, aber trotzdem soll die Suppe schön sämig werden.

Nun noch die braunen Linsen zufügen und warm werden lassen. Dann den Handkäse in die Suppe geben und dort schmelzen lassen. Danach den Schmand unterrühren und die Suppe final mit Salz und Pfeffer abschmecken.

Nährwerte pro Portion:
Kilokalorien: 331, Fett: 14,0 g, Kohlenhydrate: 24,7 g, Eiweiß: 19,7 g

Löffelglück rund um die Welt

Gerne gelöffelt wird in der ganzen Welt. Es gibt sogar Regionen, in denen der Tag schon mit einer warmen Suppe beginnt wie in Korea. Und jede Region packt vorzugsweise ihren landestypischen Geschmack in die jeweilige Lieblingssuppe hinein. Mit meinen hier gesammelten Suppenrezepten rund um die Welt stillen Sie Fernweh und träumen sich in fremde Länder. Nie vergessen, Suppe spricht weltweit die gleiche Sprache: All you need is soup!

Indische Auberginensuppe

3 Portionen

Indisch, die duftende Welt der Gewürze …

900 g Aubergine in 2–3 cm große Würfel geschnitten
50 ml Olivenöl, nativ extra
15 g Kokosöl
85 g rote Zwiebel, fein gehackt
2 Knoblauchzehen, fein gehackt
1 TL Ingwer, frisch gerieben
1 TL Kreuzkümmel, gemahlen
1 TL Kurkuma, gemahlen
1 TL Paprikapulver, rosenscharf
2 TL Garam Masala (indische Gewürzmischung)
400 g gehackte Tomaten, aus der Dose
750 ml Gemüsebrühe
150 g Schmand, 24 % Fett
50 g blanchierte Mandeln, ohne Fett in der Pfanne kurz geröstet, grob gehackt
Salz und Pfeffer

Den Backofen auf 175 °C Umluft, mit eingeschalteter Grillfunktion, vorheizen.

Die Auberginenwürfel mit dem Olivenöl mischen und diese in einer Ofenform für 25 Minuten im oberen Bereich des Ofens backen, bis diese weich sind und eine braune Farbe bekommen haben.

In der Zwischenzeit einen größeren Topf mit dem Kokosöl erhitzen und die Zwiebelwürfel darin glasig anbraten. Gegen Ende noch den gehackten Knoblauch untermischen. Anschließend die kompletten Gewürze zufügen und diese mit den Zwiebeln kurz rösten. Danach die heißen Auberginenwürfel aus dem Backofen untermischen und alles gut verrühren. Nun den Topfinhalt mit den gehackten Dosentomaten und der Gemüsebrühe ablöschen.

Die Auberginensuppe für 10 Minuten kochen lassen und dann mit dem Pürierstab cremig pürieren. Zum Schluss noch den Schmand einrühren und die Suppe mit Salz und Pfeffer abschmecken. In Suppenschalen anrichten und mit den gehackten, gerösteten Mandeln bestreuen.

Nährwerte pro Portion:
Kilokalorien: 511, Fett: 41,3 g, Kohlenhydrate: 21,4 g, Eiweiß: 11,6 g

Stroganoff-Hack-Suppe

4 Portionen

15 ml Olivenöl, nativ extra (1 EL)
400 g mageres Rinderhackfleisch
150 g rote Zwiebel, gehackt
1 ¼ l Gemüsebrühe
600 g Blumenkohl, grob geraspelt
200 g Lauch, in dünne Ringe geschnitten
250 g braune Champignons, in Scheiben geschnitten
2 TL Thymian, getrocknet
2 TL Senf, mittelscharf
2 EL Ketchup, zuckerfrei
200 g Schmand, 24 % Fett
½ bis ¾ TL Johannisbrotkernmehl, zur Bindung
100 g Gewürzgurken, in kleine Würfel geschnitten
Salz und Pfeffer

Russland ist ein schönes Land.

Einen Esslöffel Olivenöl in einem großen Topf erhitzen. Das Rinderhackfleisch anbraten, bis es krümelig ist. Dann die Zwiebelwürfel hinzufügen und diese gemeinsam mit dem Fleisch glasig braten. Anschließend den Topfinhalt mit der Gemüsebrühe ablöschen und die Suppe für 5 Minuten köcheln lassen. Jetzt das komplette Gemüse und die in Scheiben geschnittenen Champignons in die Suppe geben und alles gemeinsam 15 Minuten kochen.

Im nächsten Schritt nun den Thymian, den Senf, das Ketchup und den Schmand unter die Suppe rühren. Danach die Stroganoff-Hack-Suppe mit dem Johannisbrotkernmehl andicken. Dazu das Bindemittel mit einem Schneebesen in die Suppe einrühren.

Zum Schluss noch die Gewürzgurkenwürfel in die Suppe geben und diese final mit Salz und Pfeffer abschmecken.

Nährwerte pro Portion:
Kilokalorien: 439, Fett: 28,8 g, Kohlenhydrate: 12,4 g, Eiweiß: 29,3 g

Svensk pølseret – Schwedischer Wursttopf

4 Portionen

900 g Kohlrabi, in 1–2 cm große Würfel geschnitten
500 ml Gemüsebrühe
15 ml Olivenöl, nativ extra (1 EL)
300 g Gemüsezwiebel, in Würfel geschnitten
2 Knoblauchzehen, fein gehackt
400 g Geflügelwürstchen, in Scheiben geschnitten
2 EL Tomatenmark, doppelt konzentriert
100 g TK-Erbsen
200 ml Gemüsesaft
1 TL Paprikapulver, edelsüß
100 g Frischkäse
2–3 TL Dill, frisch oder TK
Salz und Pfeffer

Hausmannskost auf schwedische Art …

Die Kohlrabiwürfel für 8–10 Minuten in Gemüsebrühe bissfest garen. Anschließend die Kohlrabiwürfel in einem Küchensieb abgießen. Den Kochsud auffangen, daraus lässt sich am Tag darauf eine schöne Suppe kochen.

Einen Esslöffel Olivenöl in einem großen Topf erhitzen und die Zwiebelwürfel darin glasig anbraten. Dann die gehackten Knoblauchzehen untermischen und alles zusammen für 2–3 Minuten braten. Danach die Würstchenscheiben und das Tomatenmark zufügen und beides kurz mitbraten.

Im nächsten Schritt die TK-Erbsen, den Gemüsesaft und das Paprikapulver untermischen und den Topfinhalt für 5 Minuten kochen lassen. Danach die Kohlrabiwürfel und den Frischkäse in den Topf geben und so lange rühren, bis sich der Frischkäse cremig verteilt hat. Zum Schluss noch den Dill zufügen und das fertige Gericht mit Salz und Pfeffer abschmecken.

Nährwerte pro Portion:

Kilokalorien: 439, Fett: 28,1 g, Kohlenhydrate: 21,1 g, Eiweiß: 22,2 g

Soljanka à la Betti

4 Portionen

Ich liebe russische Matroschkas …

15 ml Olivenöl, nativ extra (1 EL)
200 g Gemüsezwiebel, in Ringe geschnitten
2 Knoblauchzehen, fein gehackt
125 g Baconwürfel
750 g Paprikaschote (rot, gelb, orange, grün gemischt), in 2–3 cm lange Streifen geschnitten
2 EL Tomatenmark, doppelt konzentriert
500 ml Gemüsesaft
500 ml Gemüsebrühe
2 Lorbeerblätter, getrocknet
2 TL Paprikapulver, edelsüß
1 TL Sambal Oelek
1 TL Senf, mittelscharf
150 g Gewürzgurken, gewürfelt
200 g Schmand, 24 % Fett
250 g Krakauer-Wurst, in 0,5 cm dicke Scheiben geschnitten und die geviertelt
250 g Zwiebelfleischkäse, in kurze 0,5 cm dicke Streifen geschnitten
Salz und Pfeffer

In einem großen Topf einen Esslöffel Olivenöl erhitzen und die Gemüsezwiebelringe für 5–6 Minuten braten. Dann die Knoblauchwürfel und die Baconwürfel zufügen und diese für 2–3 Minuten mitbraten.

Nun die bunten Paprikawürfel untermischen und diese für 1–2 Minuten braten. Dann das Tomatenmark, den Gemüsesaft, die Gemüsebrühe und die Lorbeerblätter zufügen und die Suppe für 10 Minuten kochen lassen.

Jetzt noch das Paprikapulver, das Sambal Oelek, den Senf, die Gurkenwürfel und den Schmand unterrühren und die Soljanka mit Salz und Pfeffer abschmecken.

Wenn die Suppe fertig ist, eine beschichtete Pfanne erhitzen und die Krakauer- und die Zwiebelfleischkäsestücke ohne zusätzliches Fett für 2–3 Minuten braten und die Stücke dann mit in die heiße Soljanka geben.

Nährwerte pro Portion:
Kilokalorien: 704, Fett: 52,6 g, Kohlenhydrate: 25,3 g, Eiweiß: 31,0 g

Tom Kha Gai

4 Portionen

Mehr Thailand geht nicht …

15 g Kokosöl
1 TL rote Currypaste
800 ml Hühnerbrühe
500 ml Kokosmilch
3 Stangen Zitronengras, in 4–5 cm lange Stücke zerteilt
4 Kaffir-Limettenblätter (gibt es im Asialaden)
40 g Galgant, in dünne Scheiben geschnitten (alternativ Ingwer)
600 g Hähnchenbrustfilets, in schmale Streifen geschnitten
250 g weiße Champignons, in Scheiben geschnitten
150 g Karotten, grob geraspelt
600 g Blumenkohl, grob geraspelt
2 EL Limettensaft, frisch gepresst
2 EL Fischsoße
2 EL Erythrit
¾ TL Johannisbrotkernmehl, zur Bindung
75 g Frühlingszwiebel, in Ringe geschnitten
Salz und Pfeffer

Einen großen Topf nehmen und das Kokosöl erhitzen. Den Teelöffel rote Currypaste darin anschwitzen und die geröstete Currypaste anschließend mit der Hühnerbrühe und der Kokosmilch ablöschen. In die Flüssigkeit nun das Zitronengras, die Kaffir-Limettenblätter und den klein geschnittenen Galgant zufügen. Die Suppe so auf niedriger Stufe für 10 Minuten leicht köcheln lassen.

Danach mit der Schaumkelle die Würzmittel aus der Suppe entfernen, denn sie dienten nur der Aromatisierung und werden nicht mitgegessen.

Als Nächstes das Hühnerfleisch in die Suppe geben und dort 2–3 Minuten ziehen lassen. Anschließend das komplette Gemüse, den Limettensaft, die Fischsoße und das Erythrit hinzufügen. Alles gemeinsam für 5 Minuten leicht simmern lassen, bis das Gemüse bissfest ist und die Hähnchenstreifen gargezogen sind.

Im nächsten Schritt die Suppe nun noch mit dem Johannisbrotkernmehl andicken. Dazu das Bindemittel mit einem Schneebesen einrühren. Danach die Suppe mit Salz und Pfeffer final abschmecken. Nach dem Anrichten in Schalen die Frühlingszwiebelringe auf der Suppe verteilen.

Nährwerte pro Portion:
Kilokalorien: 512, Fett: 30,2 g, Kohlenhydrate: 13,1 g, Eiweiß: 43,7 g

Türkische Linsensuppe

2 Portionen

Die Türkei kann richtig lecker.

30 ml Olivenöl, nativ extra (2 EL)
100 g rote Zwiebel, fein gehackt
1 Knoblauchzehe, fein gehackt
100 g Karotten, klein gewürfelt
150 g Kirschtomaten, geviertelt
100 g rote Linsen
800 ml Gemüsebrühe
2 EL Tomatenmark, doppelt konzentriert
3 EL Ajvar, scharf (alternativ 1 EL türkische Paprikapaste)
1 TL Paprikapulver, rosenscharf (alternativ Pul Biber)
1 TL Paprikapulver, edelsüß
2 EL Zitronensaft, frisch gepresst
100 g Griechischer Joghurt, 10 % Fett
3 EL glatte Petersilie, grob gehackt
Salz und Pfeffer

Zwei Esslöffel Olivenöl in einem größeren Suppentopf erhitzen und die Zwiebelwürfel für 2–3 Minuten glasig anbraten. Die Knoblauch- und die Karottenwürfel untermischen und kurz mitbraten.

Als Nächstes die Kirschtomaten und die roten Linsen in den Topf geben. Die Mischung nun mit der Gemüsebrühe ablöschen und das Tomatenmark, das Ajvar und beide Paprikapulver unterrühren. Die Suppe nun für 25-30 Minuten kochen lassen, bis die Linsen weich sind und zerfallen. Bei Bedarf die Kochzeit etwas verlängern, wenn die Linsen noch nicht so weit sind.

Anschließend noch den Zitronensaft, den Joghurt und die Petersilie unterrühren und die Suppe mit Salz und Pfeffer abschmecken. Wer es weniger stückig mag, hält kurz den Pürierstab in die Suppe und macht sie so etwas feiner, ganz, wie es dem Gaumen beliebt.

Nährwerte pro Portion:
Kilokalorien: 484, Fett: 22,3 g, Kohlenhydrate: 43,2 g, Eiweiß: 20,0 g

Cevapcici-Suppe

6 Portionen

Der Balkan lässt grüßen.

30 ml Olivenöl, nativ extra (2 EL)
150 g rote Zwiebel, gehackt
2 Knoblauchzehen, fein gehackt
600 g mageres Rinderhackfleisch
750 g Blumenkohl, grob geraspelt
150 g TK-Erbsen
400 g Paprikaschote (rot, grün, gelb gemischt), in kleine Würfel geschnitten
100 g Ajvar, scharf
2 TL Sambal Oelek
2 TL Paprikapulver, rosenscharf
2 TL Paprikapulver, edelsüß
1 EL Erythrit
690 ml passierte Tomaten
750 ml Gemüsebrühe, kräftig gewürzt
200 g Frischkäse
Salz und Pfeffer

In einem großen Suppentopf die beiden Esslöffel Olivenöl erhitzen und die gehackten Zwiebeln darin für 2–3 Minuten glasig anbraten. Die Knoblauchwürfel untermischen und kurz mitbraten. Dann das Rinderhackfleisch zufügen und dieses krümelig braten. Anschließend das komplette Gemüse in den Topf füllen und dieses für 3–4 Minuten gemeinsam mit dem Hack braten.

Danach das Ajvar, das Sambal Oelek, die beiden Paprikapulver und das Erythrit untermischen. Nun mit den passierten Tomaten und der Gemüsebrühe ablöschen und die Suppe für 20 Minuten kochen lassen.

Im Anschluss an die Kochzeit den Frischkäse unterrühren, bis er sich komplett aufgelöst hat, und dann die Cevapcici-Suppe final mit Salz und Pfeffer abschmecken.

Nährwerte pro Portion:
Kilokalorien: 457, Fett: 27,3 g, Kohlenhydrate: 18,9 g, Eiweiß: 29,8 g

Harissa-Karotten-Linsensuppe Marrakesch

3 Portionen

Geheimnisvoller Orient ...

30 ml Olivenöl, nativ extra (2 EL)
75 g rote Zwiebel, fein gehackt
400 g Karotten, in kleine Würfel geschnitten
125 g rote Linsen
1 EL Harissa-Paste (Nordafrikanische Würzpaste, gibt es im Supermarkt)
400 ml Gemüsebrühe
500 ml Karottensaft (ohne Honig)
3 EL Mandelmus
100 g frischer Baby-Spinat (alternativ gefrorener Blattspinat)
Salz und Pfeffer

In einem größeren Topf das Olivenöl moderat erhitzen und die Zwiebelwürfel darin für 2–3 Minuten glasig anbraten.

Dann die Karottenstücke zufügen und diese für 1–2 Minuten mitbraten. Nun die Linsen und die Harissa-Paste untermischen und danach den Topfinhalt mit der Gemüsebrühe und dem Karottensaft ablöschen. Die Suppe nun für etwa 20–25 Minuten köcheln lassen, bis die Linsen weich und zerfallen sind. Falls die Linsen länger brauchen, die Kochzeit passend verlängern.

Anschließend das Mandelmus mit einem Schneebesen einrühren und den Baby-Spinat zur heißen Suppe geben. Der Spinat fällt in der Suppe ganz schnell zusammen. Einfach gut unterrühren.

Wenn gefrorener Blattspinat in Einsatz kommt, dann diesen vorher auftauen und das Wasser erst abtropfen lassen und noch leicht ausdrücken.

Zum Schluss die Harissa-Karotten-Linsensuppe Marrakesch mit Salz und Pfeffer abschmecken.

Nährwerte pro Portion:
Kilokalorien: 498, Fett: 22,2 g, Kohlenhydrate: 47,4 g, Eiweiß: 19,7 g

Bigos

8 Portionen

Polnische Glückseligkeit

25 g getrocknete Steinpilze
200 ml heißes Wasser
30 g Butterschmalz
250 g Rindergulasch
250 g Schweinegulasch
250 g Zwiebel, in Ringe geschnitten
150 g Dörrfleisch/geräucherter Bauchspeck, gewürfelt
250 g Krakauer-Wurst, gewürfelt
3 Knoblauchzehen, fein gehackt
2 EL Tomatenmark, doppelt konzentriert
1 kg Weißkohl, ohne Strunk, in 5 mm breite Streifen geschnitten
500 g Sauerkraut, aus der Dose
150 säuerlicher Apfel, geschält, in kleine Würfel geschnitten
500 ml Gemüsebrühe
150 ml Rotwein
2 TL Paprikapulver, rosenscharf
2 EL Majoran, getrocknet
1 TL Kümmel, ganz
3 Lorbeerblätter, getrocknet, 4 Wacholderbeeren und 6 Pimentkörner, in einen Teefilter gepackt
500 g Paprikaschote (rot, gelb, grün gemischt), in Würfel geschnitten
200 g Schmand, 24 % Fett
Salz und Pfeffer

Die getrockneten Steinpilze mit dem heißen Wasser übergießen und dann für einige Minuten quellen lassen. Anschließend die Pilze aus dem Sud nehmen und klein schneiden. Den Sud durch ein feines Sieb gießen, damit Sand ausgefiltert wird. Die aufgefangene Flüssigkeit aufheben.

In einem großen Topf die Hälfte des Butterschmalzes erhitzen und das Rindergulasch und das Schweinegulasch in Etappen scharf anbraten. Das angebratene Fleisch jeweils aus dem Topf nehmen. Dann den Rest Butterschmalz in den Topf geben und die Zwiebelringe anbraten. Als Nächstes das gewürfelte Dörrfleisch und die Krakauer-Wurstwürfel zufügen und beides kurz braten. Nun noch den gehackten Knoblauch und das Tomatenmark kurz mit anrösten und dann die Weißkohlstreifen untermischen.

Alles gemeinsam kräftig für mehrere Minuten braten. Im nächsten Schritt nun das Sauerkraut, die Apfelwürfel und die klein geschnittenen Steinpilze zufügen und gut unterrühren. Anschließend kommt die Flüssigkeit. Das Bigos wird nun mit der Gemüsebrühe, dem Rotwein und dem aufgefangenen Sud der Steinpilze abgelöscht. Die Gewürze, einschließlich des Gewürzteefilters, zufügen und das angebratene Gulasch wieder zurück mit in den Topf geben. Jetzt braucht es Zeit, denn der große mit einem Deckel verschlossene Topf muss mindestens 2,5 Stunden bei milder Hitze köcheln. Dabei immer wieder umrühren, damit nichts anhängt.

15 Minuten vor Ende der Kochzeit nun noch die Paprikawürfel zufügen. Zum Schluss das Gewürzsäckchen aus dem Bigos nehmen und den Schmand unterrühren. Das fertige Gericht mit Salz und Pfeffer abschmecken. So ein Bigos wird mit jedem Aufwärmen besser und eignet sich auch perfekt zum portionsweisen Einfrieren. Da lohnen die Portionsgröße und die längere Kochzeit doppelt.

Nährwerte pro Portion:

Kilokalorien: 450, Fett: 24,7 g, Kohlenhydrate: 20,8 g, Eiweiß: 29,6 g

Rote Kokos-Currysuppe mit Entenbrust

2 Portionen

Deutscher Winter meets scharfes Bangkok …

15 g Kokosöl
300 g Steckrübe, in Würfel geschnitten
200 g Lauch, in Ringe geschnitten
1–2 TL rote Currypaste, je nach Schärfetoleranz
500 ml Gemüsebrühe
200 ml Kokosmilch
2 Kaffir-Limettenblätter (gibt es im Asialaden)
300 g Entenbrust mit Haut, mit Salz und Pfeffer gewürzt
Salz und Pfeffer

Den Backofen auf 170 °C Umluft vorheizen.

Das Kokosöl in einem größeren Topf erhitzen und die Steckrübenwürfel und die Lauchringe kurz anbraten. Dann die rote Currypaste zufügen und diese ebenfalls kurz mitbraten. Anschließend das Gemüse mit der Gemüsebrühe und der Kokosmilch ablöschen, die Kaffir-Limettenblätter zufügen und die Suppe für 15 Minuten köcheln lassen. Nun die Kaffir-Limettenblätter entfernen und die Suppe mit dem Pürierstab cremig fein pürieren, dann noch mit Salz und Pfeffer abschmecken.

Während die Suppe kocht, in einer aufgeheizten Pfanne ohne Fett die Entenbrust auf der Hautseite 4–5 Minuten scharf anbraten. Dann drehen und die Fleischseite 2–3 Minuten ebenfalls mit hoher Hitze braten. Danach die Entenbrust in Alufolie, mit der Hautseite nach oben offen in den Backofen legen. Für 10–15 Minuten im Ofen belassen, was etwas von der Dicke der Entenbrust abhängt und wie rosa man das Fleisch mag.

Die Entenbrust nach der Bratzeit aus dem Ofen holen und nach einer weiteren Ruhezeit von 7–8 Minuten in dünne Scheiben aufschneiden. Die Entenbruststreifen mit der roten Kokos-Currysuppe anrichten.

Nährwerte pro Portion:
Kilokalorien: 669, Fett: 52,5 g, Kohlenhydrate: 14,5 g, Eiweiß: 32,9 g

Italienische Meatballs in gemüsiger Bohnensuppe

4 Portionen

500 g rohes Salsiccia-Wurstbrät, zu kleinen Fleischbällchen gerollt
85 g rote Zwiebel, fein gewürfelt
2 Knoblauchzehen, fein gehackt
200 g Karotten, in kleine Würfel geschnitten
200 g Staudensellerie, geputzt, in kleine Würfel geschnitten
250 g Kirschtomaten, halbiert
2 TL Thymian, frisch oder getrocknet
2 TL Rosmarin, frisch oder getrocknet
750 ml Gemüsebrühe
100 g frischer Baby-Spinat
240 g Cannellini-Bohnen, aus der Dose, abgetropft und abgespült
½ TL Johannisbrotkernmehl, zur Bindung
30 g Parmesan, grob gerieben
Salz und Pfeffer

Die Toskana auf der Zunge …

In einem großen Topf die Fleischbällchen für 5–6 Minuten rundherum anbraten. Zusätzliches Fett braucht es nicht, denn das Wurstbrät hat genug davon. Die gebratenen Meatballs aus dem Topf nehmen.

Im Bratfett der Fleischbällchen nun die Zwiebelwürfel glasig anbraten. Dann noch den Knoblauch zufügen und gemeinsam mit den Zwiebeln für eine Minute rösten. Die Karottenwürfel, die Staudenselleriestücke und halbierten Kirschtomaten in den Topf geben. Die mediterranen Kräuter untermischen und anschließend den Topfinhalt mit der Gemüsebrühe ablöschen. Die Suppe nun für 15 Minuten kochen lassen.

Im nächsten Schritt die Fleischbällchen zufügen und diese 5 Minuten in der heißen Suppe ziehen lassen. Nun noch den frischen Baby-Spinat und die weißen

Cannellini-Bohnen in die Suppe geben. Beides warm werden lassen und danach zur Bindung das Johannisbrotkernmehl mit einem Schneebesen unterrühren. Nun die Suppe final mit Salz und Pfeffer abschmecken, in Schalen anrichten und dort noch mit dem grob geriebenen Parmesan bestreuen.

Wenn keine italienische Salsiccia zur Verfügung steht, dann normales grobes rohes Wurstbrät nehmen und dieses mit italienischen Gewürzen wie Fenchelsamen, Thymian, Oregano, Rosmarin, Paprikapulver nachwürzen.

Nährwerte pro Portion:
Kilokalorien: 445, Fett: 25,7 g, Kohlenhydrate: 16,6 g, Eiweiß: 32,0 g

Serbische Bohnensuppe

6 Portionen

Deftige Eintopfküche findet man in Serbien.

15 ml Olivenöl, nativ extra (1 EL)
250 g Dörrfleisch/geräucherter Bauchspeck, gewürfelt
200 g Zwiebel, gehackt
3 Knoblauchzehen, fein gehackt
150 g Lauch, in Ringe geschnitten
100 g Knollensellerie, in kleine Würfel geschnitten
150 g Karotten, in kleine Würfel geschnitten
500 g Paprikaschote (rot, gelb, grün gemischt), in Streifen geschnitten
1 EL Tomatenmark, doppelt konzentriert
1 TL Paprikapulver, rosenscharf
2 TL Paprikapulver, edelsüß
2 TL Majoran, getrocknet
2 Lorbeerblätter, getrocknet
1 EL Erythrit
750 ml Gemüsebrühe
800 g gehackte Tomaten, aus der Dose
255 g Kidneybohnen, aus der Dose, abgetropft und abgespült
500 g weiße Bohnen, aus der Dose, abgetropft und abgespült
150 g Kabanossi in Würfel geschnitten
¾ TL Johannisbrotkernmehl, zur Bindung
3 EL frische Petersilie, gehackt
etwas Schmand (optional)
Salz und Pfeffer

Einen großen Topf erhitzen und das Olivenöl und die Dörrfleischwürfel hineingeben. Kurz anbraten, dann die Zwiebelwürfel hinzufügen und diese mit dem Speck glasig braten. Danach die Knoblauchwürfel zufügen und diese für 1–2 Minuten anrösten. Anschließend das komplette klein geschnittene Gemüse in den Topf geben und alles gut vermischen. Danach das Tomatenmark, die Gewürze und das Erythrit untermischen und alles gemeinsam für 3–4 Minuten braten.

Im Anschluss den Topfinhalt mit der Gemüsebrühe ablöschen und die gehackten Dosentomaten zufügen. Den Suppentopf nun für 20–25 Minuten kochen lassen. Anschließend die Bohnen und die Kabanossiwürfel zur Bohnensuppe geben und diese für 5 Minuten warmziehen lassen. Jetzt noch die Lorbeerblätter aus der Suppe herausnehmen und das Johannisbrotkernmehl zur Bindung mit einem Schneebesen einrühren. Wenn die Suppe zu dick wird, mit etwas Gemüsebrühe verdünnen.

Zum Schluss die Serbische Bohnensuppe noch mit Salz und Pfeffer abschmekken und im Teller mit der frischen Petersilie bestreuen. Wer mag, kann am Ende auch einen Klecks Schmand unter die Suppe rühren, was noch mal mehr Cremigkeit und Frische bringt.

Nährwerte pro Portion:
Kilokalorien: 490, Fett: 21,4 g, Kohlenhydrate: 40,1 g, Eiweiß: 31,6 g

In nur einem Topf lecker gekocht

Sie haben keine Lust, den Backofen anzuschalten, oder Ihnen steht der Sinn nicht nach vielen Töpfen und Pfannen auf dem Herd? Prima, dann treffe ich mit meinen Topfgerichten sicher Ihren Geschmack. Es wird gelöffelt, aber auch gegabelt, ganz wie es beliebt. Hauptsache ist, ein Topf beim Kochen reicht aus. Lecker sind die herrlichen Topfgerichte allemal, denn die Zutaten verbinden sich beim Kochen zu einem Höhepunkt für den Gaumen, bei dem Sie auch noch wunderbar satt werden.

One-Pot-Gemüsepizzamix

2 Portionen

10 ml Olivenöl, nativ extra (2 TL)
50 g rote Zwiebel, fein gewürfelt
80 g Peperonisalami, klein gewürfelt (alternativ Schinken)
350 g Zucchini, ohne Kerne, grob geraspelt
150 g orange Paprikaschote, in kleine Würfel geschnitten
150 g Champignons, in Scheiben geschnitten
250 g Kirschtomaten, halbiert oder geviertelt
1 TL Oregano, getrocknet
2 TL Tomaten-Pesto
100 g Mozzarella, 45 % Fett, klein gewürfelt
25 g Parmesan, fein gerieben
Salz und Pfeffer

In einem mittelgroßen Topf zwei Teelöffel Olivenöl erhitzen und die Zwiebelwürfel darin glasig anschwitzen. Dann die Salamiwürfel, die Zucchiniraspel, die Paprikawürfel und die geschnittenen Champignons hinzufügen und alles für 2–3 Minuten braten.

Nun noch die Kirschtomaten und den Oregano untermischen und den Topf für 5–6 Minuten unter Rühren köcheln lassen. Anschließend zwei Teelöffel Tomaten-Pesto zufügen und noch den gewürfelten Mozzarella und den geriebenen Parmesan unterrühren. Den Käse nun für 2–3 Minuten im Essen schmelzen lassen und dabei immer wieder durchrühren. Den leckeren Gemüsepizzatopf final mit Salz und Pfeffer abschmecken und dann genießen.

Nährwerte pro Portion:
Kilokalorien: 539, Fett: 38,6 g, Kohlenhydrate: 15,1 g, Eiweiß: 30,1 g

Sahniger Blumenkohlreis-Thymian-Hähnchentopf

4 Portionen

Thymian ist der Knaller …

1,5 l Hühnerbrühe
1 Bio-Hähnchen, etwa 1,25 kg
15 ml Olivenöl, nativ extra (1 EL)
200 g Gemüsezwiebel, fein gehackt
2 Knoblauchzehen, gehackt
800 g Blumenkohl, grob geraspelt
250 g Zucchini, ohne Kerne, in Würfel geschnitten
250 g Champignons, in Scheiben geschnitten
200 ml Sahne
3 TL Thymian, frisch oder getrocknet
75 g Frischkäse
½ TL Dijon-Senf
50 g Parmesan, fein gerieben
¼–½ TL Johannisbrotkernmehl, zur Bindung
Salz und Pfeffer

In einem großen Topf die Hühnerbrühe mit dem Hähnchen erhitzen. Dann den Topfinhalt zum Kochen bringen. Den aufsteigenden Schaum abschöpfen. Diesen Vorgang wiederholen, bis kein Schaum mehr aufsteigt (dieser kann weggeworfen werden). Nun das Geflügel für 60 Minuten kochen lassen. Anschließend das Hähnchen aus der Brühe nehmen, das Fleisch vom Knochen lösen und dann klein schneiden. Die Hühnerbrühe in eine Messkanne umfüllen.

Den großen Topf nun mit einem Esslöffel Olivenöl erhitzen und darin die Gemüsezwiebelwürfel für 2–3 Minuten glasig anbraten. Danach die Knoblauchwürfel zufügen und diese ebenfalls kurz anschwitzen.

Nun das komplette Gemüse einschließlich der Champignons in den Topf geben und alles gemeinsam für 4–5 Minuten braten. Dann den Topf mit 600 ml von der zurückbehaltenen Hühnerbrühe ablöschen und die Sahne und den Thymian zufügen. Die Suppe nun für 10–12 Minuten kochen lassen.

Anschließend den Frischkäse, den Dijon-Senf und den Parmesan einrühren. Nun die Flüssigkeit mit dem Johannisbrotkernmehl etwas abbinden, dazu das Bindemittel mit einem kleinen Schneebesen einrühren.

Zum Schluss das klein geschnittene Hähnchenfleisch zufügen und den Hähnchentopf final mit Salz und Pfeffer abschmecken.

Nährwerte pro Portion:
Kilokalorien: 611, Fett: 40,2 g, Kohlenhydrate: 15,0 g, Eiweiß: 43,9 g

Winterlicher Rotkohl-Hacktopf

3 Portionen

15 ml Olivenöl, nativ extra (1 EL)
150 g rote Zwiebel, gehackt
350 g mageres Rinderhackfleisch
600 g frischer Rotkohl, ohne Strunk, in dünne Streifen gehobelt
2 TL Thymian, frisch oder getrocknet
2 EL dunkler Balsamico-Essig
80 g TK-Sauerkirschen, ungezuckert
½ TL Kreuzkümmel, gemahlen
1 Msp. Zimt, gemahlen
90 g Schmand, 24 % Fett
Salz und Pfeffer

Buntes Gemüse ist gesund.

In einem großen Topf einen Esslöffel Olivenöl erhitzen. Die Zwiebelwürfel darin für 2–3 Minuten glasig anbraten. Dann das Rinderhackfleisch zufügen und dieses krümelig braten.

Als nächsten Schritt den geschnittenen Rotkohl zufügen und diesen für 3–4 Minuten mit dem Hackfleisch gemeinsam braten. Dann den Thymian, den Balsamico-Essig, die gefrorenen Sauerkirschen, den Kreuzkümmel und den Zimt untermischen. Den Rotkohltopf nun für 8–10 Minuten köcheln lassen, dabei immer wieder durchrühren.

Zum Schluss noch den Schmand unterrühren und den Rotkohltopf mit Salz und Pfeffer würzig abschmecken.

Nährwerte pro Portion:
Kilokalorien: 429, Fett: 26,7 g, Kohlenhydrate: 16,5 g, Eiweiß: 28,4 g

Cremiges Parmesan-Erbsen-Blumisotto

2 Portionen

15 ml Olivenöl, nativ extra (1 EL)
50 g rote Zwiebel, fein gehackt
1 Knoblauchzehe, fein gehackt
650 g Blumenkohl, grob geraspelt
150 g TK-Erbsen
50 ml Gemüsebrühe
25 ml trockener Weißwein
4 EL Mandelmus
50 g Parmesan, fein gerieben
Salz und Pfeffer

Mund auf und rein mit dem Gemüse

Einen Esslöffel Olivenöl in einem Topf erhitzen und die Zwiebelwürfel darin für 2–3 Minuten glasig anbraten. Dann die gehackte Knoblauchzehe untermischen und kurz mitbraten. Anschließend die Blumenkohlraspel und die gefrorenen Erbsen in den Topf geben. Die Blumenkohl-Erbsen-Mischung unter Rühren für 7–8 Minuten bissfest braten.

In der Zwischenzeit die Gemüsebrühe mit dem Weißwein mischen und das Mandelmus mit einem Schneebesen einrühren. Die mandelige Mischung zum Blumisotto geben und gut untermischen.

Nun noch den geriebenen Parmesan unter das Blumisotto rühren. Den Parmesan kurz schmelzen lassen und das Gericht final mit Salz und Pfeffer abschmecken.

Nährwerte pro Portion:
Kilokalorien: 538, Fett: 33,5 g, Kohlenhydrate: 18,6 g, Eiweiß: 27,9 g

Sucuk-Auberginen-Zucchini-Paprikatopf

2 Portionen

Türkische Sucuk gibt authentischen Geschmack.

125 g Sucuk, gewürfelt (alternativ Kabanossi)
30 ml Olivenöl, nativ extra (2 EL)
250 g Aubergine, in kleine Würfel geschnitten
100 g rote Zwiebel, gehackt
2 Knoblauchzehen, fein gehackt
250 g rote Spitzpaprikaschote, in kleine Stücke geschnitten
300 g Zucchini, ohne Kerne, in Würfel geschnitten
200 g Kirschtomaten, geviertelt
1 TL dunkler Balsamico-Essig
2 EL Ajvar, scharf oder mild
2 TL Oregano, getrocknet
½ TL Kreuzkümmel, gemahlen
1 TL Paprikapulver, edelsüß
60 g Frischkäse
Salz und Pfeffer

Einen größeren Topf nehmen, diesen erhitzen und die Sucukwürfel ohne die Zugabe von weiterem Fett für 2–3 Minuten kross braten. Anschließend die Wurstwürfel aus dem Topf nehmen.

Nun ins Bratfett der Wurst 2 Esslöffel Olivenöl geben. Darin die Auberginenwürfel für 5–6 Minuten anbraten. Danach die Zwiebelwürfel und die Knoblauchwürfel zufügen und diese gemeinsam für 2–3 Minuten mit den Auberginenwürfel braten.

Im nächsten Schritt das komplette Gemüse zufügen und dieses für 2–3 Minuten rösten. Dann den Balsamico-Essig, das Ajvar und die Gewürze untermischen. Den Topf anschließend für 8–10 Minuten kochen lassen. Zum Schluss noch den

Frischkäse und die Sucukwürfel unterrühren und den würzigen Topf final mit Salz und Pfeffer abschmecken.

Nährwerte pro Portion

Kilokalorien: 613, Fett: 46,4 g, Kohlenhydrate: 27,9 g, Eiweiß: 18,9 g

Gemüse-Hähnchen-Erdnusstopf

2 Portionen

15 g Kokosöl
250 g Hähnchenbrust, in Streifen geschnitten
75 g rote Zwiebel, in kleine Würfel geschnitten
1 TL rote Currypaste
400 g Zucchini, ohne Kerne, grob geraspelt
125 g Karotten, grob geraspelt
50 ml Kokosmilch
30 g Erdnussmus
50 ml Ketchup, zuckerfrei
50 g Frühlingszwiebel, in Ringe geschnitten
Salz und Pfeffer

Etwas verrückt, aber lecker

Einen Topf erhitzen und das Kokosöl hineingeben. Die Hähnchenstreifen scharf anbraten, bis diese nach 3–4 Minuten goldbraun sind. Die Hähnchenstreifen mit Salz und Pfeffer würzen und dann aus dem Topf nehmen.

Im Bratfett nun die Zwiebelwürfel glasig anbraten, kurz darauf die rote Currypaste zufügen und diese im Topf gemeinsam mit den Zwiebelwürfeln anschwitzen.

Anschließend die Zucchini- und Karottenraspel in den Topf geben und das Gemüse für 4–5 Minuten unter Rühren braten. Dabei schon mal mit etwas Salz und Pfeffer würzen.

Die Gemüsemischung danach mit der Kokosmilch ablöschen und das Erdnussmus und den zuckerfreien Ketchup untermischen.

Im nächsten Schritt die gebratenen Hähnchenstreifen zurück in den Topf geben und noch mal alles mit Salz und Pfeffer abschmecken. Ganz zum Schluss noch die Frühlingszwiebelringe unterheben.

Nährwerte pro Portion:
Kilokalorien: 441, Fett: 23,3 g, Kohlenhydrate: 17,4 g, Eiweiß: 38,5 g

Kohlrabitopf mit Tomate und Feta

4 Portionen

1,2 kg Kohlrabi, in 1–2 cm große Würfel geschnitten
750 ml Gemüsebrühe
30 ml Olivenöl, nativ extra (2 EL)
75 g rote Zwiebel, gewürfelt
1 Knoblauchzehe, fein gehackt
600 g Kirschtomaten, geviertelt
2 EL Tomatenmark, doppelt konzentriert
2 TL heller Balsamico-Essig
2 EL frischer Rosmarin, gehackt
125 g Kräuterfrischkäse
125 g Feta, gehackt
Salz und Pfeffer

Einen großen Topf nehmen und die Kohlrabiwürfel in der Gemüsebrühe für 8–10 Minuten bissfest garen und dann in einem Sieb abgießen. (Die Gemüsebrühe kann man auffangen und eine leckere Suppe damit kochen.) Danach einen Esslöffel Olivenöl im Topf erhitzen und die Kohlrabistücke für 4–5 Minuten goldgelb braten. Anschließend die Kohlrabistücke aus dem Topf nehmen und in einer Schüssel zwischenlagern.

Den zweiten Esslöffel Olivenöl in den Topf geben und die Zwiebelwürfel glasig anbraten. Dann den gehackten Knoblauch zufügen und diesen kurz mitbraten. Anschließend die Kirschtomaten, das Tomatenmark, den hellen Balsamico-Essig und den gehackten Rosmarin in den Topf geben. Etwa Salz und Pfeffer hinzufügen und den Topfinhalt für 10 Minuten ohne Deckel köcheln lassen.

Im nächsten Schritt den Kräuterfrischkäse und den gehackten Feta zufügen. Alles gut vermischen. Dann die gebratenen Kohlrabistücke unterheben und das fertige Gericht mit Salz und Pfeffer abschmecken.

Wenn es schnell gehen soll, kann man sich das Anbraten der Kohlrabistücke auch sparen und direkt mit dem gekochten Gemüse arbeiten.

Nährwerte pro Portion:
Kilokalorien: 368, Fett: 23,3 g, Kohlenhydrate: 21,0 g, Eiweiß: 14,8 g

Curry-Gemüsenudel-Meatball-Pot

3 Portionen

400 g grobes rohes Wurstbrät, in Fleischbällchen mit 2–3 cm Durchmesser gerollt
50 g rote Zwiebel, in Würfel geschnitten
3 TL gelbe Currypaste (alternativ Currypulver)
300 ml Gemüsebrühe
150 ml Kokosmilch
½ TL Sambal Oelek
2 Kaffir-Limettenblätter (gibt es gefroren im Asialaden)
250 g Karotten, in Spaghetti oder Tagliatelle geschnitten
250 g Lauch, längs in schmale Streifen geschnitten
600 g Zucchini, in Spaghetti oder Tagliatelle geschnitten
¼ TL Johannisbrotkernmehl, zur Bindung
Salz und Pfeffer

Meatballs für alle

Einen großen Topf erhitzen und die Fleischbällchen ohne die Zugabe von zusätzlichem Fett für 6–7 Minuten rundherum braten. Die Fleischbällchen aus dem Topf nehmen.

Dann die Zwiebelwürfel im Bratfett glasig anbraten. Nun noch die gelbe Currypaste anschwitzen und den Topf anschließend mit der Gemüsebrühe und der Kokosmilch ablöschen. Das Sambal Oelek und die Kaffir-Limettenblätter zufügen und die Brühe für 3–4 Minuten kochen lassen.

Dann die Karottennudeln und die Lauchpastastreifen in den Topf geben und diese für 3–4 Minuten garen lassen. Anschließend die Zucchininudeln zufügen und alles gemeinsam für weitere 2–3 Minuten köcheln lassen.

Wenn die Gemüsenudeln bissfest sind, die Fleischbällchen zurück in den Topf geben und die Currysoße mit dem Johannisbrotkernmehl abbinden. Dazu das Bindemittel mit einem Schneebesen einrühren, damit es nicht klumpt. Zum Schluss das fertige Gericht noch mit Salz und Pfeffer final abschmecken.

Nährwerte pro Portion:
Kilokalorien: 522, Fett: 35,2 g, Kohlenhydrate: 17,7 g, Eiweiß: 31,2 g

Spitzkohl-Paprika-Gulaschtopf

4 Portionen

Easy Topfküche

15 ml Olivenöl, nativ extra (1 EL)
600 g Putengulasch, aus der Keule geschnitten
125 g Schinkenspeck, gewürfelt
400 g rote Zwiebel, in Würfel geschnitten
2 TL Majoran, getrocknet
2 Lorbeerblätter, getrocknet
1 TL Kümmel, ganz
2 TL Paprikapulver, rosenscharf
2 TL Paprikapulver, edelsüß
400 ml Gemüsebrühe
400 g geschälte Tomaten, aus der Dose
650 g Spitzkohl, ohne Strunk, in Streifen geschnitten
400 g Paprikaschote (rot und gelb gemischt), in Würfel geschnitten
100 g Schmand, 24 % Fett
Salz und Pfeffer

In einem großen Topf das Olivenöl erhitzen und darin das Putengulasch anbraten. Das darf ruhig etwas Farbe bekommen. Dann die Schinkenspeckwürfel und die Zwiebelwürfel zufügen und alles gemeinsam 4–5 Minuten braten. Die kompletten Gewürze zufügen und den Gulaschtopf nun mit der Gemüsebrühe ablöschen und die Dosentomaten zufügen. Den Topf für 60 Minuten kochen lassen. Dabei den Deckel leicht geöffnet lassen, damit etwas Wasser verdampfen kann.

Im nächsten Schritt die Spitzkohlstreifen und die Paprikastücke untermischen und den Topf für weitere 10 Minuten kochen lassen. Nun die beiden Lorbeerblätter entfernen und noch den Schmand unterrühren. Zum Schluss den Spitzkohl-Paprika-Gulaschtopf mit Salz und Pfeffer abschmecken.

Nährwerte pro Portion:
Kilokalorien: 450, Fett: 19,4 g, Kohlenhydrate: 22,5 g, Eiweiß: 46,0 g

Blumenkohl-Quinoa-Curry

4 Portionen

Die Welt zu Gast ...

100 g Quinoa, dreifarbig
15 g Kokosöl
75 g rote Zwiebel, gehackt
2 EL Madras-Currypaste oder gelbe Currypaste (alternativ Currypulver nach Geschmack)
zusätzlich ½ TL rote Currypaste (optional), wer es scharf mag
150 g rote Paprikaschote, in Würfel geschnitten
150 g orange Paprikaschote, in Würfel geschnitten
750 g Blumenkohl, in Röschen zerteilt
400 g Kirschtomaten, aus der Dose (alternativ gehackte Tomaten aus der Dose)
250 ml Kokosmilch
75 g Frühlingszwiebel, in Ringe geschnitten
etwas Johannisbrotkernmehl, zur Bindung (optional)
Salz und Pfeffer

Die Quinoakörnchen in einem feineren Sieb sorgfältig mit Wasser abspülen. Dann in 500 ml Wasser für 12 Minuten vorkochen und abgießen. Es braucht einen nicht zu groben Seiher, sonst machen sich die Quinoas durch den Abfluss davon.

In einem großen Topf das Kokosöl erhitzen und die Zwiebelwürfel glasig dünsten. Die Currypaste zufügen und kurz anschwitzen. Anschließend die roten und die orangen Paprikawürfel und die Blumenkohlröschen zufügen und alles gemeinsam 1–2 Minuten braten.

Die Gemüsemischung nun mit den Dosen-Kirschtomaten und der Kokosmilch ablöschen und den Topfinhalt für 8–9 Minuten köcheln lassen. Dann die vorgekochten Quinoakörnchen zufügen und untermischen.

Den Gemüsetopf gut durchmischen und mit Salz und Pfeffer abschmecken. Zum Schluss noch die Frühlingszwiebelringe unterheben. Wenn die Soße zu dünn sein sollte, dann kann diese ganz einfach mit etwas Johannisbrotkernmehl abgebunden werden. Dazu einfach das Bindemittel mit einem Schneebesen einrühren.

Nährwerte pro Portion:
Kilokalorien: 372, Fett: 19,0 g, Kohlenhydrate: 33,7 g, Eiweiß: 11,5 g

Rezeptübersicht

Lieblingssuppen für Bauch und Seele

Supp' dich schlank

Eintöpfe, die Krach machen

Löffelglück rund um die Welt

In nur einem Topf lecker gekocht

Zutatenregister

SCHMELZKÄSE

Über die Autorin

Die gebürtige Odenwälderin Bettina Meiselbach startete mit einem betriebswirtschaftlichen Studium in das Berufsleben. 25 Jahre im Personalmanagement und einen Burn-out später krempelte sie 2014 ihr Leben komplett um. Sie entdeckte die Low-Carb-Ernährung für sich, warf fast 60 Kilogramm Gewicht ab, wies ihre Diabetes-Typ-2-Erkrankung in die Schranken und ließ den alten Job hinter sich. Die begeisterte Hobbyköchin und Ernährungsexpertin begann, den Blog HappyCarb.de zu schreiben – der sich schnell zu einem der meistgelesenen Low-Carb-Blogs im deutschsprachigen Raum entwickelte. Der folgende Schritt zur Buchautorin war danach nur noch ein ganz kleiner.

Bibliografische Information der Deutschen Nationalbibliothek
Die Deutsche Nationalbibliothek verzeichnet diese Publikation in der Deutschen Nationalbibliografie. Detaillierte bibliografische Daten sind im Internet über http://d-nb.de abrufbar.

Für Fragen und Anregungen
info@rivaverlag.de

Wichtiger Hinweis
Dieses Buch ist für Lernzwecke gedacht. Es stellt keinen Ersatz für eine individuelle medizinische Beratung dar und sollte auch nicht als solcher benutzt werden. Wenn Sie medizinischen Rat einholen wollen, konsultieren Sie bitte einen qualifizierten Arzt. Der Verlag und die Autorin haften für keine nachteiligen Auswirkungen, die in einem direkten oder indirekten Zusammenhang mit den Informationen stehen, die in diesem Buch enthalten sind.

Ausschließlich zum Zweck der besseren Lesbarkeit wurde auf eine genderspezifische Schreibweise sowie eine Mehrfachbezeichnung verzichtet. Alle personenbezogenen Bezeichnungen sind somit geschlechtsneutral zu verstehen.

Originalausgabe
1. Auflage 2022

Türkenstraße 89
80799 München
Tel.: 089 651285-0
Fax: 089 652096

Redaktion: Bettina Peters
Umschlaggestaltung: Sonja Vallant
Layout: rosavision, Simone Ruths, www.rosavision.de; Sonja Vallant
Satz: inpunkt[w]o, Haiger (www.inpunktwo.de)
Fotos: Bettina Meiselbach, Carsten Meiselbach, www.happycarb.de
Illustrationen: Rosavision, Simone Ruths, www.rosavision.de; Betti Avatar: Signyra, www.signyra.com; freepik
Druck: Florjancic Tisk d.o.o., Slowenien
Printed in the EU

ISBN Print 978-3-95814-322-7
ISBN E-Book (PDF) 978-3-95814-323-4
ISBN E-Book (EPUB, Mobi) 978-3-95814-324-1

Wir produzieren nachhaltig
www.m-vg.de